中华优秀传统文化视野下的
大学生综合素养培育研究

殷 艳 著

中国言实出版社

图书在版编目（CIP）数据

中华优秀传统文化视野下的大学生综合素养培育研究 ／
殷艳著．--北京 ：中国言实出版社，2023.3
　ISBN 978-7-5171-4430-4

　Ⅰ．①中… Ⅱ．①殷… Ⅲ．①中华文化-作用-大学
生-素质教育-研究 Ⅳ．①G640

中国国家版本馆 CIP 数据核字(2023)第 052540 号

中华优秀传统文化视野下的大学生综合素养培育研究

责任编辑：郭江妮
责任校对：邱　耿

出版发行：中国言实出版社
　　　　　地　址：北京市朝阳区北苑路 180 号加利大厦 5 号楼 105 室
　　　　　邮　编：100101
　　　　　编辑部：北京市海淀区花园路 6 号院 B 座 6 层
　　　　　邮　编：100088
　　　　　电　话：010-64924853（总编室）　010-64924716（发行部）
　　　　　网　址：www.zgyscbs.cn　电子邮箱：zgyscbs@263.net

经　　销：新华书店
印　　刷：北京银祥印刷有限公司
版　　次：2024 年 1 月第 1 版　　2024 年 1 月第 1 次印刷
规　　格：710 毫米×1000 毫米　1/16　12 印张
字　　数：200 千字

定　　价：79.00 元
书　　号：ISBN 978-7-5171-4430-4

前　言

　　中华优秀传统文化历经几千年的传承与发展，留下了众多的实践经验与文化瑰宝，党的十七大提出推动"社会主义文化大发展大繁荣"到党的十八大明确"建设社会主义文化强国，关键是增强全民族文化创造活力"，再到党的十九大强调要"坚定文化自信"，党的二十大提出"推进文化自信自强，铸造社会主义文化新辉煌"。文化在国民经济与社会发展中的重要性日益提升。高等教育坚持立德树人，高校要着力塑造中国人的精气神，使中华民族形成与民族复兴相适应的文化自觉、文化自信与文化担当；从习近平总书记提出的扎根中国、融通中外、立足时代、面向未来，发展具有中国特色、世界水平的现代教育的理念出发，为中国特色社会主义事业培养更多全面发展的合格建设者和可靠接班人，可见将中华优秀传统文化融入大学生综合素养教育是新时代高等教育发展的需要。

　　将中华优秀传统文化融入大学生综合素养教育，同时借助中华优秀传统文化的育人功能，能够让两者相辅相成更好地服务于大学生素质的提高，有助于中华优秀传统文化的继承与弘扬，增强育人的实效性和针对性。将中华优秀传统文化融入大学生素质教育中，可以帮助大学生更热爱自己民族的传统文化，提高大学生的文化自信，并使大学生能够自觉地将中华优秀的传统文化内化于心，外化于行，进一步促进大学生成长为全面发展的高素质人才。本书旨在通过对中华优秀传统文化、大学生综合素养教育以及中华优秀传统文化与大学生综合素养培育的结合，发现当前大学生综合素养教育中存在的问题，探寻中华优秀传统文化融入大学生素养教育相应的有效路径。

　　本书在写作的过程中，从传统文化视野论述了大学生综合素养教育，主要有道德素养、思想政治理念素养、人文素养、科学素养、心理素养、创新素养等。本书主要的特色主要包括：

　　（1）完善了大学生素质教育的结构，通过其详细的介绍，更加方便对大学生素质进行教育。

　　（2）构建了一个完整的大学生素质教育体系。

　　（3）对大学生的拓展能力进行了多方面的论述，通过对其总结，使大学生拓展运动可以更好地服务于大学生的素质教育工作。

在本书的写作过程中，引用借鉴了一些学者的理论思想，在这里对这些学者提出衷心的感谢。由于水平有限，如有不足的地方，希望各位读者能不吝赐教，提出宝贵的意见，以便在今后的学习写作中加以改进。

作　者

2023 年 3 月

目　录

第一章　大学生综合素养

大学生综合素养归结起来应涵盖道德、思想、文化、专业、政治、体能、艺术、心理等素质，以及这些素质的内化、融合、升华；并在实践活动中迸发出创造性的火花，以形成更多层次的团队理念，创新精神，创新能力，产出创造性的成果。全面提升大学生的综合素养是高等教育教学工作的重中之重。

第一节　大学生综合素养的整体认识

一、大学生综合素养

（一）素养的内涵

素养，也称素质，这一词汇由来已久，《后汉书·刘表传》："越有所素养者，使人示之以利，必持众来。"素养的基本解释是由训练和实践而获得的技巧或能力以及平时的修养。素质是指一个人的综合修养，从广义上讲，包括道德品质、外表形象、知识水平与能力等各个方面。在知识经济飞速发展的今天，人的素质的含义大为扩展，它包括思想政治素养、文化素养、业务素养、身心素养等各个方面。

《辞海》中对素养一词的定义有以下三个方面，第一，人的生理上生来具有的特点。第二，事物本来具有的性质。第三，完成某种活动所必需的基本条件。

（二）大学生综合素养

在高等教育领域，学者给出的概念可以总结为：综合素养是指个体在环境和教育的影响下，通过自身认识与社会实践而形成的比较稳定的品质特性。一般来说，综合素质包括道德素养、思想理论水平素养、知识能力素养（科学素养和人文素养）、健康的心理以及创新素养。道德素质和思想政治素质素养立足于学生自我修养和价值认同，属于精神层面的内容；知识素养可以概括为人文素养和科学素养，这两点属于知识能力层面的内容；

健康的心理素养着重强调学生的健康水平；创新素养着眼于学生的发展，为他们的发展提供助力。

我们认为，经过高等教育阶段的各种科学的、有目的的教育实践活动，学生的先天潜能和后天个性特征得到了一定程度的发展与完善，内化为高校大学生的人格、气质、修养和能力。它主要体现在学生的道德素养、思想政治素养、人文素养、科学素养、心理素养以及实践创新素养等几个方面。

二、当前大学生的综合素养存在的问题

（一）部分学生思想政治素养与道德素养下滑

虽然当代的大学生整体道德素养较好，大部分大学生的道德素养较高，但仍然有一部分学生存在着道德失范问题。大学生作为我国公民中受教育程度较高、科学文化水平比较完善的群体，具有较高的道德素质，可是随着近年来网络文化的冲击带来一些新的问题，包括学校过多重视科学文化知识的培养而忽略人文素质的教育，导致了当前大学生的道德水准并没有达到与其身份和学识相搭配的水平。目前，一些大学生在各种或高尚或低俗或科学或迷信的信仰中间迷失了方向，出现了困惑，没有了坚定信仰和精神寄托，出现精神上的迷茫和失落。个别学生陷入诚信危机，为私利把诚信抛之脑后，认为虚伪和谎言对获取利益有着至关重要的作用。拜金主义和享乐主义的侵蚀也使部分大学生更看重权利带给他们的优越感、满足感，使得一些原本就缺乏自我约束能力的大学生染上了不健康的生活习惯，这充分说明道德价值观念在大学生中没有真正实现内化，造成道德行为弱化。

（二）部分学生人文素养匮乏

现在不少大学生外语好、数理化好、经济头脑好，但人文知识匮乏，缺少基本的人文素养。部分大学生过分重视外语、计算机、公关社交等实用知识的学习，忽视了基础知识、基础理论的学习。由于大学生综合素养未得到有效发展，因此部分大学生，缺乏开拓创新精神，缺乏独特见解。教、学双方过分关注考试成绩，忽视了实际操作能力和创新能力的培养，从而导致了"高分低能"现象的出现。在这个科学技术高速发展的时代，专业知识快速更新，那种"上一次大学，管用一辈子"的观念已经过时。在这样的形势下，若不注重发展自己的综合能力而只关注专业知识，必将

被激烈的竞争淘汰掉。

（三）部分大学生科学素养不足

大学生对科技知识了解不够深入，对于高新技术的应用和新的科学研究领域的了解很少，科学精神欠缺，科学价值取向存在偏差。学生缺乏实验实证精神，偏重抽象思维，缺乏科学实验的精神和价值眼光。在对科学的追求与关注上，大学生的价值选择出现了偏差，多数大学生对民生之本的农业科技信息兴趣较为冷淡，把学习目的畸形地建立在了个体狭隘的功利性需要之上，急功近利的偏狭意识取代了严谨的治学态度和单纯的求知目的。

高校缺乏针对大学生的专门科研活动，大学生缺少科学技能培养与锻炼的途径。高校的科学研究，似乎是教师和研究生的"专利"，大学生很少涉及，并且多数高校缺少针对大学生科研活动作出指导和安排的专门机构。对于普通大学生，既缺乏场所，又缺乏途径，更缺乏经费开展科研活动。这种体制上的欠缺使得大学缺乏浓郁的科学素养氛围，学生较难形成一定的科学技能，由此科学实践能力也较差。

（四）部分大学生心理素养水平下降

心理素养对于人的思想道德、智力开发、身体发育和个人发展是一种基础性的因素。当代大学生在时代变动、社会转型的宏观背景下，由于所面临的社会竞争压力、学业压力和就业压力等各方面压力增大，如果他们的心理承受能力比较弱，在挫折面前的应变能力就会变差。部分学生生活在压抑、苦恼、空虚、烦躁、焦虑的环境下，不同程度地存在着心理问题与心理障碍。有的学生因自我否定、自我拒绝而失去从事一切行动的信心；有的因考试失败或恋爱受挫而产生轻生念头或自毁行为；有的因现实不理想而玩世不恭或万念俱灰；有的因个性孤独而逃避群体自我封闭。

正处青春期的大学生由于人际交往不适产生的困惑心理，就业压力造成过分担心的焦虑心理，缺乏自信的紧张心理，贫困生的自卑心理，恋爱、情感问题引发的不健康心理等诸多事实充分表明，大学生已成为心理弱势群体。如何使他们避免或消除由上述种种心理压力而造成的心理应激、心理危机或心理障碍，从而增进他们的心理健康，已经成为各高校迫切需要解决的问题。大学生因心理问题而出现的不理智行为和恶性事件已经引起人们的关注。此外，一些大学生因种种原因无法面对现实而出现的自杀事件，都足以说明大学生身心素养问题的严重性。

（五）部分大学生创新意识淡薄

部分大学生对待认为对自己所追求的目标有直接帮助的课程就废寝忘食地学习，对于那些对自己的目标没有直接帮助的课程，并不重视，甚至会逃课。在课堂上，有的大学生的思考意愿不高、参与意识也很淡薄，不愿在课堂就教师提出的问题进行思考及发表观点，即使是自己曾经有过思考或者是感兴趣的问题也是如此。

大学生在观察和处理实际问题时，往往洞察力不足，只看到事物的表面现象，不能深入分析其中的规律性，不能抓住事物的本质，致使他们经常得出一些片面的结论和主观论断，难以真正地解决问题。教学实践中可以发现，大学生在学习专业知识时，依然习惯于停留在寻求或者记忆固定的标准答案上，而不是进行发散式思维，继而从不同的角度去思考问题。他们依然习惯于听从教师的讲解，难以脱离教师的思维而进行独立的思考。

第二节　大学生综合素养提升的基本方向

大学生是中国青年中的优秀群体，是社会主义事业的建设者和接班人，是未来社会发展的生力军，是国家和民族兴旺发达的希望所在。大学生的素养不仅直接影响和决定着我国现代化建设的进程和参与国际竞争的能力，也直接影响和决定着大学生历史使命的完成和成才目标的实现，更是衡量我国高等学校办学水平和办学效益的重要尺度。因此，重视和加强大学生的素养建设，全面提升大学生的综合素养，理应成为高等教育教学工作的重中之重。

当代大学生的素养主要包括道德素养、思想政治素养、人文素养、科学素养、心理素养和创新素养。其中思想政治素养主导、道德素养是核心、科学素养是基础、心理素养是依托、创新素养是导向。大学生综合素养的高低，要对以下这几个方面进行综合的考量。

一、以道德素养为核心，提升大学生综合素养

我们也需要清楚地看到，大学生的道德观念呈现出日益多样化和复杂化的趋势，需要通过理论教育和科学引导帮助大学生树立正确的道德观。

（一）要加强高校思想道德修养课的建设，改进教学环节

针对德育工作的"润物细无声"的特点，要"寓思想道德教育于各学科教学之中，做到教书育人，使学生在接受科学文化教育的同时，受到正确的思想道德文化的陶冶"，德育工作者不仅要进行言语式的道德说教，还要注重实践活动的切身体会，将道德认识和道德实践紧密结合起来，把学生道德素养和社会责任感的不断提升作为高校德育工作的出发点和落脚点。

（二）加强师德建设是推进高校思想道德建设的重要内容和基础

教师的思想素养、价值取向、人格品质和精神风貌，不仅直接影响着学生的求知创新能力，更直接影响着学生人生观和价值观的形成和道德品质的定型。高校教师不仅要具备"传道，授业，解惑"的"经师"角色，更要牢记"身正为范"的"人师"角色，做到既教书又育人。教师的学术道德、做人准则、治学态度，会对学生产生潜移默化的影响，教师在现实生活中的表率作用、人格魅力是大学生道德素养提升的典范来源。辅导员在管理学生的日常生活学习的工作中，尤其在学生干部选拔、奖学金分配、入党考察等各个环节，务必做到公平公正，避免金钱、情感、功利因素的渗入，建立透明健全的管理体系和健康的激励机制，对于改变更新大学生道德认识也是至关重要的。

（三）加强校风建设，营造良好的校园文化氛围

认真贯彻日常行为规范，就会形成良好的生活习惯，进而养成良好的行为方式，将外在的行为方式内化为良好的道德品质。通过对校风校纪的自觉遵守来带动和形成良好的学风，进而营造出健康向上、格调高雅的校园文化氛围，使学生的思想在良好的校园文化氛围中受到熏陶和感染，并以此强化大学生的自律意识，摒除自身存在的道德缺失现象，真正为大学生的道德素养提升提供外在的约束感化机制。

（四）积极开展道德实践活动，发挥学生在公民道德建设中的主体作用

通过积极参与讲文明、树新风创建活动、学习先进道德楷模活动及重要节日和纪念活动，特别是通过开展必要的礼仪、礼节、礼貌活动，告别不文明的言行活动，提升自身的道德修养，在道德实践中真正历练提升自身的道德素养。

二、以思想政治理论素养为主导，提升大学生综合素养

做好高校思想政治工作，要遵循思想政治工作规律，遵循教书育人规律，遵循学生成长规律，不断提高工作能力和水平。要用好课堂教学这个主渠道，思想政治理论课要坚持在改进中加强，提升思想政治教育亲和力和针对性，满足学生成长发展需求和期待，其他各门课都要守好一段渠、种好责任田，使各类课程与思想政治理论课同向同行，形成协同效应。要加快构建中国特色哲学社会科学学科体系和教材体系，推出更多高水平教材，创新学术话语体系，建立科学权威、公开透明的哲学社会科学成果评价体系，努力构建全方位、全领域、全要素的哲学社会科学体系。要更加注重以文育人，广泛开展文明校园创建，开展形式多样、健康向上、格调高雅的校园文化活动，广泛开展各类社会实践。要运用新媒体新技术使工作活起来，推动思想政治工作传统优势同信息技术高度融合，增强时代感和吸引力。

（一）大学生的思想政治理论素养

思想政治理论素养是人的素养的一个重要方面，这种素养在知识分子阶层来说显得更为重要，它体现了人对真理的认识能力，是人的最基本的素养，是人存在的自我定位和自我意识，构成了个体所持有的社会价值观念的基础。就知识分子而言，具备坚实深厚的思想政治理论素养，具备丰富扎实的思想政治理论素养是其理应具备的内在素养。

大学生思想政治理论素养的提出是马克思关于人的全面发展理论一个内涵的引出，是全面提升大学生素养的一个重要方面。大学生思想政治理论素养的提出是为了克服当前大学生教育中只注重专业教育而忽视人文教育，只注重现代教育而忽视传统教育，只注重技能教育而忽视马克思主义基本理论的深化教育等问题而提出来的。大学生思想政治理论素养是一个综合体，主要体现在科学素养、人文素养和思想政治素养方面。其中，科学素养是适应现代社会所必需的素养，作为大学生尤其是理工科的大学生，理应了解自然科学，对于自然科学的历史、当前的主要发展趋势及自然辩证法都应有一个全面的了解；人文素养是大学生思想政治理论素养培养的重点，需要增强大学生对历史、社会和传统的认识和理解，培养大学生的人文素养，使大学生在丰富自身内涵的同时能对所在社会有一个更加深刻全面的了解；思想政治素养是大学生思想政治理论素养的重要方面，作为未来社会主义事业的接班人，需要具备良好的马克思主义思想政治理论素养。

（二）提升大学生思想政治理论素养的必要性

1. 提升大学生思想政治理论素养是由大学生自身所肩负的历史使命所决定的

大学生担负着迎接来自未来国际挑战的艰巨使命，担负着社会主义先进文化传播的重要使命，担负着科学文化、人文文化传承的重要任务。当前，大学生群体越来越成为人们关注的对象，这是由大学生自身所具有的特性决定的。

21世纪的国际竞争，将是人才的竞争。当前世界发达国家都开始把竞争的焦点放到高科技及人才的培养与争夺上来。大学生作为高等教育的接受者，应该接受的是先进的专业教育及人文素养教育。将来步入工作岗位的大学毕业生将在未来社会发挥骨干作用，他们自身的素养如何，直接决定着未来国家的国际竞争力。

2. 提升大学生思想政治理论素养是由大学生群体在社会中的影响力所决定的

现如今，大学生群体的总人数不断上升，大学生群体越来越受到社会各个方面的关注，这反映了我国高等教育事业的大发展，同时也使得大学生群体对于社会的影响力不断增加。当前，大学生群体的总人数不断增长，社会上关于大学生的问题也不断涌现。这其中既有家庭因素、大学生个体因素、社会因素，也有高校本身的因素。

当前，全社会都将大学生作为关注的重要对象，如何使大学生成为中国特色社会主义事业的合格建设者和可靠接班人，是一个重大问题。部分学校的大学教育，往往过分注重专业教育，过分注重外语的学习，过分注重证书的考取，在这个过程中忽视了大学生的全面发展，忽视了大学生思想政治理论素养提升的重要性。所以，培养和提升大学生的思想政治理论素养已成为高等教育提到议程上来并亟须解决的重要课题。

3. 提升大学生思想政治理论素养是由大学生所处的教育背景、社会时代背景所决定的

回顾20世纪中国教育发展史，处于一个以人文教育为主的传统教育模式向以专业技术教育为主的现代教育模式的转变。这一转变虽有其历史合理性，但在这一进程中，传统的以文、史、哲为核心的人文学科逐渐受到冷落。对科学技术的片面追求以及大学教育结构中人文教育和科技教育的失衡，使得大学生整体的人文素养水平出现了退步。如价值观念上的混乱，生活信念的迷失，道德观念的淡漠，以及对西方文化的盲目崇拜和对本民族传统文化的无知、妄自菲薄，等等。尤其是理工科大学生一味地沉溺于外部自然的探索，往往容易忽视对于社会人生的认识，以及对内在精神世界的充实和完善，从而造成知识结构的缺陷和精神世界的失衡。此外，网络媒体、电子媒体以异常丰富的方式影响着大学生群体；多元文化冲击、多元价值观的冲击深刻地影响着大学生的思想形成。在这种情况下，亟须加强大学生的思想政治理论素养，通过提升大学生自身的思想政治理论素养，让大学生形成经过自身努力解决现实问题的能力。

4. 提升大学生思想政治理论素养是由大学生自身的特点所决定的

大学生正处于世界观、人生观、价值观逐渐形成，心理逐渐成熟的关键时期，在这一阶段其所形成的思想、行为、习惯将会影响到今后的心理健康和发展。在这一关键期，他们模仿性强，易走向模仿的反面，价值观混乱，易出现观念偏差，在这种情况下就更需要切实加强大学生思想政治理论素养提升的教育。对此，我们应掌握学生个体心理行为发展的一般规律和特点，抓住学生成长的各个阶段的有利时机，以先进的理论提升大学生的思想认同，从而促进大学生自身思想政治理论素养的提升。

切实提升大学生的思想政治理论素养有其重要性与迫切性。思想政治理论素养是大学生素养的有机组成部分，具有涵盖全局、升华高端、引领前沿等特征，更为重要的是，为实践活动指明前进方向是其天然优势和重要使命。提升大学生的思想政治理论素养是提升大学生思想政治素养的关键。

三、以科学文化素养为基础，提升大学生综合素养

人文教育是以培育人文精神为目的，将世界各国的优秀文化成果通过知识的传播、环境熏陶等方式，使其内化为受教育者做人的基本品质和基本态度，它主要体现为以个人发展需要为标准的教育价值观。由于我国封建社会长时期缺乏科学精神的教育弊端，近代以来中国因自然科学知识的落后而造成的积贫积弱，使我们在现代教育上出现了片面追求自然科学技术知识的趋势，使人们一直存在着"重理工轻人文，重专业轻基础，重功利轻素养"的倾向。人文教育的相对漠视，人文精神的相对匮乏，使大学生知识面狭窄、知识结构单一的问题较为突出，这种"知识型"而非"智能型"的人才无法满足21世纪经济全球化背景下对人才素养的要求，更无法满足人的全面发展的客观需求。

　　此外，要充分发挥第二课堂在大学教育中的补充作用。各学院可以积极开展人文教育的讲座，多召开文理之间的师生交流会。各社团可组织学生举办有针对性和互动性的诸如读书报告会、演讲、辩论、摄制、艺术节等活动，组织大学生参加公益活动和社会实践活动，并鼓励不同高校、不同校区、不同学科间的互动交流。通过这些行之有效的课外活动，营造出活跃、健康、交流的文化氛围，在校园形成浓厚的人文气氛，从而开拓大学生的思维空间，培育大学生的人文精神，提升大学生的适应能力，培养出涉猎多学科、多领域和博采众长的通才大学生。只有这样，大学生才能在具备坚实的基础科学知识的前提下，拥有深厚的人文知识功底，才能真正学有所用，形成与社会发展相适应的知识结构，兼具科学精神和人文精神，集较强的研究能力、独立的自学能力、良好的语言表达能力、敏捷的思维能力、独到的识别能力于一身。

　　大学生要充分认识良好的科学素养对于提升自身综合素质的重要意义，合理利用高校这一宽松的学习环境，自觉将科学素养的锻炼与提高纳入自己日常的学习、生活安排当中，不仅要在课堂上汲取科学知识，还要注重在专题网站、各类媒体宣传上猎取科学知识，并在生活中注重锻炼和实践利用科学文化知识处理问题的能力。

　　高校要注重校园科学素养氛围的营造。高校要从建设社会主义核心价值体系和构建和谐社会的高度重视大学生科学素养的培养，要将大学生科研活动作为一项长效机制来建设，鼓励和支持大学生课余开展科研活动，以增强他们的科学研究兴趣和科学研究能力。高校还应注重培养大学生的创新意识和创新精神，以及他们对专业知识的应用能力和实验技能。要将大学的科学素养氛围通过开展形式多样的活动营造出来，使大学生在浓郁的科学素养氛围中受到熏陶、培养和锻炼。

　　将科学教育与人文教育二者并重，需要我们进一步深化高校教育改革，在教改思路上摒弃原有的把学科专业划分过窄、知识分割过细的观念，改变长期以来以专业为中心、以行业为目标的片面教育。注重整体性和综合性的素养教育，改变课程结构，可以通过开设选修课等方式，适当增加人文课程的比重，确立人文课程在整个课程体系中的基础性地位，尤其是那些科学性、系统性和实践性都较强的人文课程，将人文素养教育贯穿于大学教育的全过程，进而实现教育整体的最优化，以适应学科间相互交叉渗透、高度分解综合的发展趋势。教师在讲授人文课程的过程中，不要仅仅注重人文知识的传授，而是要将其与社会实际和生活现实结合起来，培养学生的思考能力，培育人文学科的思维方式，激发学生的学习兴趣，引导学生学会学习和思考，授之以渔而不是授人以鱼。

四、以心理健康为依托，提升大学生综合素养

心理健康是大学生适应新环境、承担历史使命，实现成才目标的关键条件。大学生心理健康就是指大学生个体在校园内外各种主客观环境中，能够保持良好而持续的身体状态和心理过程，并充分发挥身心潜能的状况。心理健康的标准包含智力正常、情绪稳定、意志健全、自我意识明确、人格完整统一、人际关系和谐、适应能力强、心理行为符合相应的年龄特征八个方面。健康心理不仅是大学生良好品德素养的重要组成部分和开发智力的内在要求，也是大学生全面发展的必备条件。心理素养指的是一个人是否具有健康心理和健全的人格，它是人在先天的生理基础上，通过环境影响和教育训练所获得的相对稳定的适应生活的基本心理品质结构。

由此可见，拥有健康的心理状态是大学生具备良好心理素养的前提。但是，随着社会经济形势的发展变化而产生的竞争加剧、生活节奏加快、物质生活的差距及就业形势的严峻，给大学生心理带来了巨大压力；东西方文化的碰撞、利益格局的调整、社会生活与经济生活不协调等又造成了大学生的心理不平衡感；学校生活中的学习困惑、人际交往的无所适从、对自己的重新评价等问题，也容易使大学生产生心理障碍；个人的家庭背景、阅历、爱情抉择，也会对大学生的心理产生重大影响，这就使得大学时期成为各种心理问题最容易出现的高发期。因此，关注大学生心理健康、提升大学生心理素养极具紧迫性和现实性。

（一）创新教育模式，构建"互联网+心理健康"信息化大课堂

结合互联网创新心理健康教育模式。一方面，课堂上一改往日"灌输式"教学形式，运用心理测试、情景式案例分析、小组讨论、团体训练等实训环节，注重知识与技能、线上与线下相结合，引导学生从"被动学习"向"主动探索"转变。另一方面，线上打造并完善高校网络心理健康教育平台，开设网络心理健康教育课堂，引导大学生进行"自助式"学习应用。并建立校园网络心理健康论坛，突破传统的心理健康教育时空限制，契合当代青年善于网络交流的形式拓宽学生心理情绪宣泄、答疑解惑的渠道。与此同时，通过网络心理健康论坛能及时了解学生关注的热点及遇到的心理问题，并加以正确的舆论引导，占领网络心理教育阵地。

（二）在实践中增长技能，开展"多样化"心理健康第二课堂

结合当前大学生心理特点有针对性地开展心理健康实践活动，可分为校内活动与社会实践。一方面，通过心理情景剧、素质拓展、团体心理辅导等多种"体验式"活动，用学生喜闻乐见的方式吸引学生主动参与，提高学习积极主动性，并在活动开展中能潜移默化的教会学生良性的沟通交流方式以及合理有效的情绪宣泄方法。另一方面，组织学生开展社会实践，通过进社区开展心理健康宣传、组织弱势群体心理关爱、爱心帮扶等多种形式的"社会实践"活动，在实践锻炼中磨炼意志，增强抗压能力，加强学校与社会、学生与社会的连接，促进良好的心理健康教育氛围。

（三）加强心理干预，形成"家校企"一体化干预格局

职业教育区别于普通教育，在人才培养方式及目标上具有自身特殊性，结合高职院校"校企合作、工学结合"的人才培养模式，构建"家校企"一体化干预模式。一方面构建学校和学生家庭的信息交流平台，加强与学生家庭交流，开设网络家长心理课堂，普及心理健康基础知识，改善家长对心理健康教育不重视的观念与意识，有助于及早发现并正视子女的心理健康问题。另一方面，结合高职院校独有的校企合作培养模式，学校与企业在共同研究、制定学生学习、实习方案的同时也应注重学生在不同阶段可能会面临的心理问题，重视学生职业心理素养的养成。高职学生培育的场所非单纯的学校，进企业顶岗实习为不可或缺的一个环节，角色的快速转变易产生不适心理。因此在校期间学校与企业可增强工作的预见性，设置校外职业导师，开展企业进校园、入班级活动，提前加深学生对企业工作环境、规章制度、工作强度的认识。顶岗实习环节，校企共同构建心理干预方案，积极组织开展有益于实习学生心理健康的各类活动，并在企业设置心理健康咨询室，加强对学生的"人文关怀和心理疏导"，形成校园内外、全员、全程的心理干预格局。

（四）培养积极心理品质，融入"工匠精神"与心理健康协同发展

坚定理想信念、培养积极心理品质成为大学生健康心理的"奠基石"。高职大学生作为中国制造转型升级的重要力量，不仅需要精益求精的知识与技术，更需要的是有一种敢于直面压力、不断向上的积极心理品质。"工匠精神"不仅是对技能、技术追求完美与极致的一种态度，更是一种求真务实的敬业精神、无私无畏的奉献精神，攻坚克难的钻研精神。融入"工

匠精神"开展高职大学生心理健康教育，既是对自身专业素养的高追求，也能培养学生积极心理品质，更有助于帮助高职大学生在当前多元化社会环境与价值观中明确自身方向与定位，形成正确的自我认知。

五、以创新素养为导向，提升大学生综合素养

（一）培养大学生的创新思维，提升大学生实践能力

大学的学习不仅仅是专业的学习，更是一个全方位的成长成才的过程，在更多时候，综合素质能力甚至比专业学习能力和知识能力，更加具有实践的意义。因为综合素质体现在专业学习、语言表达、人际交流沟通等方方面面，它是一种更深层、更基本、更持久的力量。无论时代如何变化，风云如何变幻，大学生所具有的实践能力，都会随着年龄的增长和经营丰富而不断提升。所以学生走上社会之后所能运用到的能力中最重要的就是实践能力。

创新思维是贯穿于提升大学生实践能力提升的全过程。在大学生学习、生活、工作的各个方面，创新思维无处不在，无处不有。只有通过改变大学生的这种思维方式，创新原有的这种思维模式，才能够让大学生更加主动地去提升自己的实践能力。

（二）培养大学生的创新能力，提高大学生的创造力

创新是一个民族进步的灵魂，是一个国家兴旺发达的不竭动力。创新型人才是国家民族发展的力量和源泉。当今，国家经济发展对高校人才培养提出了更高的标准和要求。人才培养质量是高等教育质量的第一体现，是大学生生存和发展的基础。高校要从促进学生的全面发展出发，把学校的各项工作最终落实到人才培养上来，不断提高人才培养质量，积极创造人才辈出和新成果不断涌现的崭新局面。大学生是社会主义事业建设的主力军，是国家的宝贵人才资源，还是最活跃的群体，培养和提升大学生创新能力，激发大学生创造活力，是提高人才培养质量的重要手段，是创新型国家建设赋予高校的光荣使命，是实现我国现代化建设宏伟大业的根本保证。

第二章 中华优秀传统文化与大学生综合素养

第一节 中华优秀传统文化

一、中华优秀传统文化的概念

关于中华优秀传统文化的概念，学术界主要持有以下三种观点：

第一，中华优秀传统文化在中华各民族交往与融合的过程中形成，它以凝聚人心的魅力给予中华各民族巨大的熏陶和影响，巩固了民族融合的成果，增进了民族大家庭的团结，并通过所推崇的精神、气节、道德、价值观念等，把中华民族凝聚成为一个牢固的整体。

第二，中华优秀传统文化是由中华文明演化和汇集成的一种反映民族风貌和特质的民族文化，是历史上多种思想文化、观念形态的总体表征，是指中华民族及其祖先所创造的、为中华民族所继承与发展的、具有鲜明特色的、内涵博大精深的、历史悠久的传统文化。它是中华民族几千年文明的结晶，除了儒家文化外，还包括道教文化、佛家文化等其他文化形态。

第三，中华优秀传统文化是中华民族思想观念、文化传统、情感认同的主要体现，包含有中华民族的广泛接受和普遍认同的道德规范、价值取向和思想品格，具有极为丰富的思想内涵。

综上所述，中华优秀传统文化是指以中华民族为创造主体，在中华民族漫长的历史发展过程当中形成的具有稳定结构和地域特色，并且至今仍具有重要价值的物质文化和精神文化形态中精华的部分，有着积极的历史推动作用，是中国传统文化的重要组成部分。

二、中华优秀传统文化的内容

中华优秀传统文化博大精深、源远流长，其中蕴含着巨大的财富和内容，所以综合学术界的观点，本文从以下五个方面进行分类。第一，从创造主体上分，中华优秀传统文化是由中华儿女共同在五千年的历史进程中创造的具有民族特色和稳定结构的文化形态集合，可分为汉文化、满蒙文化、彝族文化、藏文化，等等。第二，从类别上可分为物质文化、精神文化，物质文化是指在满足人类生存和发展需要时所创造出来的物质产品及其所表现的文化，如礼节礼仪、民间习俗、宗教信仰、建筑雕刻等；精神文化是指人类从事物质文化基础生产上产生的一种人类所特有的意识形态，是人类各种意识观念形态的集合，主要包括中华民族的性格特征、心理与思维模式、情感方式等文化形态，如仁义礼智信、温良恭俭让、琴棋书画茶，等等。第三，从范围上分，可分为纵向和横向文化，纵向指的是不同时期内形成的优秀文化成果，如先秦子学、两汉经学、魏晋玄学、隋唐佛学、明清小说，等等；横向指的是各个地区或不同民族形成的别具特色的文化，如燕赵文化、荆楚文化，等等。第四，从功能上看，中华优秀传统文化具有教化人的功能，对当今社会的发展进步起到积极正面的促进作用，符合人民群众的根本利益和价值追求，比如礼仪文化、服饰文化等。

我们从优秀传统文化的思想内涵出发，将其分为四类。

（1）崇尚集体主义、爱国主义。中国传统文化是建立在农业文明基础之上的，由于当时生产力水平有限，劳作凭一己之力很难完成，所以中国自古以来就十分赞同群体高于个体的说法，强调集体主义，如荀子就曾说过人与动物的本质区别就是"人能群"。由此可以看出集体主义的重要性是不言而喻的，诚然，有了集体的存在才能使个人有所归依和依属，有了个人的存在才能组成集体，因此集体与个人是互相依存、缺一不可的关系，而当国家和民族陷入困境时，每个人都应该责无旁贷地去拯救危亡，也正由于此，关心祖国命运，参与祖国建设，促进祖国繁荣，早已成为炎黄子孙追思先祖、敬仰先祖、弘扬孝道的责任与义务。

（2）崇尚伦理道德。"伦"指的是人与人的辈分关系，后引申为同类之次称为"伦"，如父子之伦、夫妻之伦，"伦理"即为人伦之间的准则。"道"指事物变化、发展的规律、法则以及做人的原则、道理，而德者，得也，道与德二字联起来组成一个词，就是认识、实践那些有益于他人的道或做人的规则之后有所心得，使之化成自己的品质，这就是道之德。中华优秀传统文化十分关注、重视社会道德伦理，其核心是民本思想与仁善思想等道德伦理，如"父慈子孝，家庭和谐"的家庭伦理道德，"天下兴亡，匹夫有责"的国家主人的忧患意识；"齐家治国平天下"的家国情怀；"勿以善小而不为，勿以恶小而为之"的律己思想，这些有关民族政治思想文化和注重个人品德修养的伦理道德文化的具体论述集中体现了中华优秀传统文化中的主要内容，集中反映出中华民族、中国人民超群的智慧、高尚的情操、海纳百川的胸襟。

（3）崇尚个人修养。针对个人品质，孔子有言："人而无信，不知其可也。"与人交往，要"言而有信"（孔子语），"守之以信，守之以礼"。作为个人的道德修养，要"致其诚信"，"意诚而后心正，心正而后身修"。作为君子，如果处在上位，就应该懂得尊敬、关爱、体恤下属，要做到"己所不欲，勿施于人"：如果在下位，要做到对上位的人忠诚不欺，这是对个人德行修养的要求。中国人自古以来就极为推崇人的内在修养，即使要齐家、治国、平天下，也必须要先修身，正心诚意。

（4）崇尚知识智慧和科学思辨。在处理信仰问题时，中国先民崇尚具有哲学思辨意味的知识智慧。这就必须有提到道家，尽管再后来道家并没有成为占主要统治地位的官方文化，但道家尤其是《老子》中的相关思想对中华民族的思想文化发展影响极大，如道家的"道生一，一生二，二生三，三生万物""道可道非常道"。中国古代没有系统的哲学理论体系，但有很多关于思辨的思考，如在面对事情时提出了"祸兮福之所倚，福兮祸之所伏"的知识智慧式的命题。

中华优秀传统文化博大精深，所蕴含的丰富的民族精神也令人叹为观止，但无论是制度文化抑或物质文化，都体现了中华民族五千年来的优良传统和民族精神，所以本文主要就是围绕着中华优秀传统文化所反映出的精神文化内容进行展开的，使这些精神文化能转化成大学生的精神支柱，并能够将这种精神支柱外化成一种自觉的行为准则。

第二节 中华优秀传统文化中的素质教育内容蕴含

在努力实现中华民族伟大复兴中国梦的今天，为了更好地传承发展中华优秀传统文化，需要不断地挖掘中华优秀传统文化的价值内涵，以便能够更好地实现对传统文化进行的创造性转化和创新性发展。

一、思想道德素养内容蕴含

《大学》中曾提及"修身、齐家、治国、平天下"，认为个人修养、价值的实现，要外化到治理好国家，使天下太平的高度上来。同时，因为国家、家庭和个人的利益是一致的，因而，当国家、集体利益于个人利益相冲突时，牺牲个人利益也在所不惜，范仲淹的"先天下之忧而忧，后天下之乐而乐?"林则徐的"苟利国家生与死，岂因祸福避趋之"等都是很好的体现。当代大学生必须以爱国主义为指导，努力践行社会主义核心价值观，将自己学到的文化知识服务于祖国建设上来，将个人的梦想融入"中国梦"中，自觉刻苦学习，优化知识结构，强化创新意识，传承中华民族优秀的思想传统和精神内核，立志为祖国的伟大复兴尽自己绵薄之力。

有了复兴中华民族的伟大的志愿，还要不断地为之拼搏奋斗。"士不可以不弘毅，任重而道远。仁以为己任，不亦重乎?死而后已，不亦远乎?"意思是说，士应该具有坚毅宽广的品质，因为自己的责任重大，担负着要把实行和弘扬仁道的人生使命，道路遥远，需要为之奋斗终生，死而后已。面对多元文化的交流与冲击，传承好中华优秀传统文化同样任重道远，需要大学生树立坚定而强烈的社会责任感，将自己个体价值的实现与国家的发展和繁荣相统一。因为大学生具有较高的文化水平，对于传统文化有更高的理解能力和分析能力，同时也具备了接受这项任务的能力和基本要求，因此青年学生作为一个国家和民族发展的中坚力量，是做好优秀传统文化传承工作的最佳人选。

《易经》中说："天行健，君子以自强不息。"《论语·述而》中有"发愤忘食，乐以忘忧，不知老之将至"的表述都是对中华民族自强不息，积极进取精神的高度概括，强有力地说明了中华民族刚健有为、自强不息、不屈不挠、坚韧不拔的精神。这种不断进取、顽强拼搏、自强不息，是民族精神、民族气节和民族凝聚力的体现，也是中华民族实现美好理想的精神源泉，是中国文化的精华之所在。大学生作为未来建设国家的中坚力量，承担起弘扬中华优秀传统文化的精神内涵义不容辞。

二、科学文化素养内容蕴含

古代学者在他们的亲身实践中形成的科学探索精神早已为我们的科学研究指明了方向，以朱熹的格物致知思想与科学活动的关系为例，"格"，指到达。"格物"的意思是指通过接触物，达到明理的目的。"致知"，也是说通过接触物，从而自觉意识到自己善良的本性。朱熹也是这一科学思想的亲身践行者，他通过亲身实考察，找出了地理学经典《山海经》《禹贡》中的不少错误之处，并对后人盲目相信经典而没有实地考察验证以讹传讹的做法表示不满。格物致知的思想价值和科学精神对于现如今社会的大学生是同样适用的，从教育学视角来看，让学生广泛的接触自然之物，不仅可以达到明理的目的，还可以培养学生对科学的兴趣和激发学生美好的情感。所以希望当代大学生除了对格物和致知的认识和思考外，还要使得这种精神能够真正地变成中国文化的一部分并将优秀的科学精神不断发展和传承下去。

中华民族是一个富有创新理念的民族，早在3500年前，商朝的开国君主成汤就把"苟日新，日日新，又日新"这九字箴言刻在沐浴之盘上，用以警戒鼓励自己。创新的实质，是除旧布新，革故鼎新。《说文解字》释"创"："伤也，从刃"。"创"的原意是损伤。学者指出，《周易》中的创新图变精神体现在生生不已的创化、创造的流变之中。创新化育，不是单纯的量的叠加，而是通过除旧布新，实现新质的生成。想要文化创新，首先，我们需要自觉地摒弃急功近利的错误心态，而应常怀敬畏之心去对待本民族的传统文化。其次，秉承着敬畏之心，敢于在当下对中华优秀传统文化进行适度的创新，使其能够符合大众对文化的兴趣，从而实现对优秀传统文化进行的创造性转化和创新性发展。

古人还十分注重理性思维，"三思而后行"，遇到事多想想，不要被自己的个人情绪和外在因素干扰到正常的判断。因此，要对事情或问题进行反复推敲、分析。但同时也需要注意，做事之前要思考是毋庸置疑的，但千万别因为思考过度而耽误时机，以防顾忌太多、优柔寡断。

三、心理素养的内容蕴含

大学生素质教育中关于身心健康的教育内容无法回避，现如今对于大多数独生子女而言，从小在家里就是唯我独尊，父母过度的溺爱保护，让他们受不得一丝欺侮和半点挫折，面临心理困惑时，他们很容易选择极端的方式解决，所以大学生遇事应该学会自我调节，而不只是一味地钻牛角尖。孟子认为，一个人在面对外界一切巨大的诱惑抑或是威胁，都能宠辱不惊，镇定自若，达到"不动心"的境界，做到富贵不能淫，贫贱不能移，威武不能屈。这种精神作为中华优秀传统文化的重要内容，需要当代大学生继续传承下去，因为大学生在学校这个小社会随时都可能会遇到各种各样的诱惑，甚至会因此荒废了学业，如逃课打游戏、考试作弊等，最后考试就变成了一种应付，长此以往，后果不堪设想，所以大学生一定要把自己培养成具有顽强意志品质的人，担得起赞赏、也受得起批评，有则改之无则加勉，这样我们才能不畏惧眼前或将来会遇到的困难，勇于接受考验和挫折，使自己不为苦而悲，不为宠而骄，于喧嚣尘世中做到自尊、自信、自立、自强、不卑、不亢、不谀、不媚。

古代中国是十分注重个人体质锻炼发展的，据《周礼·地官》记载，中国早在西周时期已有六艺之教，分别为礼、乐、射、御、书、数。其中的"射"指射箭技术，"御"指驾驭马车的技术，可以看出在中国传统的教育文化中早已包含了强身健体这一思想。古代重视身体素质的重要表现形式莫过于武举考试，它是由武则天始创的用来选拔武将的一种考试形式，武举主要为了选拔将才，这种考核方式选拔出了一大批在战场上为守家卫国立下汗马功劳的能人志士。中国古代的体育项目也十分丰富，有各式各样的球类竞赛、体操、攀爬运动和众多的少数民族体育项目，特别是各种流派的武术技艺更是世界独有。中国传统的体育项目还有跳傩舞、赛龙舟和舞龙灯等，这都是带有中国印记的中国体育。无论是教育内容和考试还是各项体育活动都与当代大学生素质教育对身体素质教育的要求不谋而合，都要求大学生应该强身健体、增强体质。

四、创新素养的内容蕴含

历史悠久、灿烂辉煌的中华文明体现了中华民族伟大的创造性和中华文化生生不息的创造精神，这种创造性和创造精神深深植根于中国传统文化的精髓之中。中国传统文化的精髓应包括五个方面的内容：刚健有为，自强不息；经世致用，实事求是；阴阳互补，辩证思维；民贵君轻，以人为本；大同理想，止于至善。2017 年，中共中央办公厅、国务院办公厅印发《关于实施中华优秀传统文化传承发展工程的意见》中也从核心思想理念、中华传统美德、中华人文精神三个层面对中华优秀传统文化进行了归纳："核心思想理念，如革故鼎新、与时俱进，脚踏实地、实事求是，惠民利民、安民富民，道法自然、天人合一等；中华传统美德，如天下兴亡、匹夫有责的担当意识，精忠报国、振兴中华的爱国情怀，崇德向善、见贤思齐的社会风尚，孝悌忠信、礼义廉耻的荣辱观念等；中华人文精神，如求同存异、和而不同的处世方法，文以载道、以文化人的教化思想，形神兼备、情景交融的美学追求，俭约自守、中和泰和的生活理念等"。

中国传统文化以《周易》为源头，强调"穷则变，变则通，通则久"，由此奠定了崇尚个性、追求创新的理论基础。这一思想由先秦诸子直接继承并在后世的传承中不断张扬，是中华文化生生不息、薪火恒传的原动力。中国传统文化中的创新意识在"尚象制器"中有明显的体现，如圣人观象以制器，开发物用，成就非凡伟业；中国传统文化中的创新思想，主要体现在《周易》、法家、兵家的思想中；中国传统文化中的创新方法，如学思结合、温故知新，举一反三，由此及彼，一阴一阳、有无相生等；中国传统文化中的创新内容，如制度创新、艺术创新、科技创新等。中国传统文化中蕴涵的丰富创新精神主要体现在：刚健进取的自强精神，革故鼎新的变易思想，兼容并包的整合理念，心系社稷的忧患意识。

总括起来，中国传统文化蕴涵的核心创新精神，主要体现在；第一，革故鼎新、与时俱进。几千年来，中华民族面对纷繁复杂的社会现实，一直力主变革创新以适应时代的发展，使中华文明屡屡焕发勃勃生机和不竭活力。第二，包容和合，兼容并蓄。创新需要不同的思想观念的碰撞交流，需要在古今中外文明基础上的综合超越。春秋战国时期的"百家争鸣"，造就了中国文化的"百花齐放"盛况，奠定了中华文化的根基。汉唐年间，佛教文化的传入并与儒道不断交流、融合，逐渐形成了今天中国的儒道释基本文化格局，深深地影响着我们的日常生活。

第三节 中华优秀传统文化视角下的大学生
综合素养培育框架的建构

建构适应个人终身发展和社会发展需要的学生发展综合素养框架，已经成为落实立德树人任务的关键和基础。传承中华优秀传统文化是建构学生发展综合素养框架的必然要求。应该做好中华优秀传统文化在学生发展综合素养培育框架构建中的定位，通过科学的方法系统梳理和分析中华文化中能够融入学生发展综合素养中的优秀基因。中华传统文化中主张"仁民爱物"，倡导爱人如己、心怀天下和奉献社会；主张"孝亲爱国"，注重激发个体的乡土情感和家国情怀；重视人格修养，倡导"重义轻利""诚信自律"精神；重视礼仪教育，倡导礼敬谦和、遵守规范、举止文明，这些思想精粹应成为建构学生综合素养框架的重要资源。

当前，以学生发展综合素养推进教育改革与发展已成为国际教育领域发展的重要趋势。建构我国学生发展综合素养框架（以下简称"学生综合素养"）也成为全面实施国家教育规划纲要、落实立德树人根本任务的关键和基础。从全球范围来看，各国（地区）在遴选学生综合素养指标的过程中不仅表现出适应时代发展需求的共同趋势，同时也都强调综合素养框架的建构必须根植于本民族的文化历史土壤之中。中华民族历史源远流长，中华文化经过一代又一代人民的锤炼与沉淀，已经融入了中华民族的血脉，成为我们民族特征的一部分，极大地影响了我国社会的运行模式与人民的观念。因此，我国学生综合素养培育框架的构建必须认真剖析中华优秀传统文化的思想精华，继而建构起能够真正适应学生个人终身发展，为建设中国特色社会主义服务的学生综合素养培育体系。

一、中华优秀传统文化是建构学生综合素养框架的"根"与"魂"

作为对"教育要培养什么样的人"这一具有国家战略意义问题的具体解答，我国学生综合素养培育框架需要体现中华民族的核心精神追求，传承中华民族的根本精神基因。学生的综合素养必须传承中华优秀传统文化。

首先，中华优秀传统文化是中华民族的"根"与"魂"，我国学生的综合素养需"植根"于中华优秀传统文化，体现中华民族之"魂"。中华文明延续至今已经有5000多年的历史。我国古代先贤及仁人志士们提出了博大精深的思想体系，广泛揭示了人与人、人与社会、人与自然之间关系的真谛。其中，许多优秀的思想精华和理念精粹至今仍然影响着中华儿女的人生观、价值观，构筑了中华儿女独特而坚定的精神世界。这些优秀的传统文化成了中华民族的凝聚力和创造力之源，也成就了中华民族的"根"与"魂"。在构建学生综合素养体系的过程中，扎"根"于中华优秀传统文化中汲取养分，让学生发展的综合素养体现出中华民族之"魂"，就是对中华文化最为实质性的继承和发展，更是保障中华民族屹立于世界民族之林、中华文明持续传承下去的关键所在。

其次，让大学生传承中华优秀传统文化是落实立德树人根本任务，实现伟大"中国梦"的重要抓手。当今世界，随着经济全球化的深入发展，现代传播技术的日新月异，各种思想文化的交流、交融和交锋更加强烈和频繁，文化在综合国力竞争中的地位和作用更加凸显。大学生是中华民族的未来和希望，大学生在接受教育过程中形成的综合素养不仅关乎个体未来生活的适应，更关乎中华民族的伟大复兴。习近平总书记指出，中华民族伟大复兴需要以中华文化发展繁荣为条件。那么，中华文化的发展繁荣则需要以承载优秀文化传承的学生综合素养的形成和发展为基础。当前，我国正处于经济社会转型和深刻变革时期，学生在成长过程中很容易受一些不良思想倾向和道德行为的影响。这就需要培养学生形成蕴含中华民族独特精神标识和中华传统美德的综合素养，引导学生抵御社会不良信息和负面现象的影响。这样才能更好地让学生成长、成才，奠定中华民族当前乃至未来在世界文化激荡中站稳脚跟的根基。

再次，在学生综合素养体系中传承民族文化是当今世界各个国家（地区）学生综合素养研究的共同趋势。进入 21 世纪以来，随着世界经济和人才竞争的日趋激烈，许多国家和地区都试图建立符合自身实际的学生综合素养框架或指标体系，从而为学生的学业质量标准提供参照，以指导人才培养实践。当前，美国、日本、新加坡等地均建立了结构完整的学生综合素养体系。仔细梳理和分析这些国家提出的学生综合素养指标可以看出，这些综合素养指标均反映了各国的政治经济发展状况和教育文化环境特点，也蕴含着各个国家和民族的特色文化。有鉴于此，我国学生综合素养的指标框架也需要承载中华民族的优秀传统文化，这符合我国的国情与现实的需要。

二、中华优秀传统文化在学生综合素养框架建构中的定位

中华文化博大精深，中华文明源远流长。在学生综合素养框架构建中，传承中华优秀传统文化面临的首要问题就是：学生综合素养需要传承中华传统文化的哪些内容？同时，我们还需要思考：如何处理好传承中华优秀文化与顺应国际发展趋势及弘扬时代精神之间的关系？如何实现中华优秀传统文化在学生综合素养体系建构中的传承？

首先，学生综合素养框架的建构需重点关注中国传统文化中关于人的理想人格及修身成德之学。在概念上，中国传统文化是指以中华民族为创造主体、于清朝晚期以前在中国这块土地上形成和发展起来的、具有鲜明特色和稳定结构的、世代传承并影响整个社会历史的宏大古典文化体系。广义的传统文化有着丰富的内涵，包括传统文化思想、传统艺术（琴棋书画、戏曲等）、民俗与禁忌、传统医术（中医）等。狭义的传统文化则主要为中国传统文化思想，这是中国传统文化的核心与实质。中国传统文化思想包括了自夏商周三代至清末近五千年历史长河中产生与发展起来的传统文化思想与观念，主要表现为以儒家、道家、佛教为主流的三教文化传统，其中孔子所开创的儒家文化思想居于核心和主干的地位。儒家、道家、佛教等传统文化思想，尤其是居于核心地位的儒家思想，关注的核心主题是理想人格、人的价值、自我实现等。针对这些问题，以儒家、道家等为代表的古代思想家们提出了系统且完整的理论学说，即关于何谓理想人格、如何达成理想人格及个人修身成德的思想。毫无疑问，优秀的文化思想，

尤其是传承至今且具有现代适应意义的理念精粹，蕴含了诸多对人才培养和教育的思考，对于建构中国特色的（民族的）学生综合素养指标体系具有重要启示。

其次，在学生综合素养的建构中传承和弘扬中华优秀传统文化并不意味着故步自封，也不意味着抛弃国际视野。正如习近平总书记所指出的："文明因交流而多彩，文明因互鉴而丰富。"我国学生综合素养模型的构建还处在起步阶段，但是世界上许多国际组织、国家和（地区）已经构建了较为完整的学生发展综合素养体系，有着较为成熟的经验可供借鉴。此外，伴随着时代演进与全球化进程的推进，科技信息飞速发展，新技术、新产品层出不穷，信息知识量急剧增加，许多新的关键素养应运而生。因此，学生综合素养在传承中华优秀传统文化的同时，也应立足国际前沿、借鉴国际组织和各个国家（地区）的先进经验，并且要弘扬时代精神，以适应社会经济与科技信息发展的最新要求。

再次，中华优秀传统文化是学生综合素养框架建构的重要数据来源。从方法学的角度来看，在学生综合素养中传承中华优秀传统文化，就需要基于学生发展的综合素养进行中华优秀传统文化分析，进而研发出能够反映中华优秀文化特色的学生综合素养指标体系。在这一意义上，中华优秀传统文化中蕴含的思想精华实际上构成了学生综合素养体系建构的一个重要数据来源。基于中华优秀传统文化的数据分析，我们可以遴选出凝聚着中华民族普遍认同、广泛接受、具有顽强生命力的思想品格和关键能力特征，使之渗透于学生综合素养的指标体系之中。然而，中华优秀传统文化分析并不能成为学生综合素养指标体系建构的唯一数据来源。要形成学生综合素养的指标体系，我们还需要分析不同阶段学生的身心发展特点，进行系统的文献分析和实证研究。最终，基于科学的方法和严谨的研究程序，建构起能够符合我国学生身心发展规律、反映中华文化特色和时代特点的学生综合素养指标体系。

三、中华优秀传统文化中能够融入学生综合素养框架中的优秀基因

以儒家文化为核心与主干的中华传统文化，本质上是一种修身成德之学。"在中国传统社会，儒家文化这种修身成德之学，不但在有效引导人如何调节自我（自我调适）和正确对待他人（和谐自他）与社会（奉献社会）等方面发挥了重要作用，而且其"仁""义"等核心价值观念，也成为传统社会各种思想潮流相互融通的基础，成为主导中国传统社会的主流价值观。

时至今日，这种修身成德之学中所蕴含的仁爱、诚实、节制、宽容、和睦、忠诚、孝亲意识、责任意识、团结合作、自省自律、公平公正、热爱民族和国家等价值理念仍然具有明显的现代价值。这种价值观念以文化心理积淀的方式，深刻地影响着当代中国人的价值取向与生活方式。无疑，传统文化中所蕴含的修身成德思想对今天人的培养及人的素养的提升具有借鉴意义。鉴于此，我们以儒家思想作为分析重点，对先秦到清代不同历史时期的重要思想家及重要学派的代表性著作进行梳理，并参考了近现代学者的相关分析和阐述，试图厘清我国传统文化中关于人生修养和自我完善的核心思想主张，为建构具有中华民族特色的学生综合素养指标框架提供借鉴。

（一）主张"仁民爱物"，倡导爱人如己、心怀天下和奉献社会

自孔子提出"仁"之后，"仁"便成为儒家思想乃至整个中国传统文化的基本价值观。"仁"既指人们内在的心理意识（真实性情），又指人行为所遵循的基本准则和道德规范。在孔子看来，"仁"以爱人为基本规定，成就仁德是人生追求的最高价值。行仁的方式有多种，因而"仁"有多个具体德目，如忠、恕、信、恭、宽、敏、惠、智、勇等。其中以忠、恕最为重要，忠即"己欲立而立人，己欲达而达人"（《论语·雍也》）。"忠恕"之道是实践仁的基本方法（"行仁之方"），亦即处理人我关系的基本准则。孟子发挥孔子仁学思想，明确提出"仁者爱人"（《孟子·离娄下》），并将孔子的忠恕之道具体化为"老吾老以及人之老，幼吾幼以及人之幼'（《孟子·梁惠王上》）和"亲亲而仁民，仁民而爱物"'（《孟子·尽心章句上》）的道德原则。汉代董仲舒以"天人合类"的神学宇宙观将"仁"神圣化，认为天的本性即是仁。同时，又把仁列为"五常"之一，将其绝对化。北宋张载提出"民胞物与"的"爱必兼爱"的主张来阐释仁的精神，认为不但要爱一切人，而且爱一切物。程颢和程颐从天理的角度视仁为人的本性，并以"识仁"作为道德修养的根本目标与根本方式，将"浑然与物同体"（《识仁篇》的天人合一状态视为实现仁的境界。朱熹进而提出"仁包五常"，突出仁在五常中的地位。其所谓天理，即以仁为核心内容，并以此作为万世万物的本原和三纲五常之本体，把仁升华为宇宙本体的高度。

总之，在传统文化中，"仁"是人之所以为人的根据，也是一切德行的根源，"成仁"是人的最高价值追求和最高美德。"仁"的基本含义是"爱人"。它虽以血缘之爱为基础，但最终要实现爱一切人甚至推广到爱一切物，即"亲亲而仁民，仁民而爱物。"仁民爱物"体现了我国古人的一种宇宙情

怀和极高的价值追求。它所要实现的最高境界，就是自身与他人及世界万物各尽其性的一体合一的和谐境界，就自身与他人而言，是各尽其性，和而不同，蕴含着极强的包容精神；就自身与万物而言，是物我平等，天人合一，蕴含着丰富的生态伦理思想。在仁民爱物和心怀天下的意识支配下，会产生强烈的完善自我和奉献自我的动力，从而形成自强不息的精神和责任担当意识。这些精神对个体理想人格的培养具有重要价值。传统文化中的仁民爱物思想，内在蕴涵着"爱人如己""立己达人""心怀天下""开放包容""奉献""社会责任感""物我和谐""自强不息""宽恕"等社会关怀的价值取向。这些"仁民爱物"的价值追求应作为学生核心道德修养渗透于学生综合素养的指标框架之中。

（二）主张"孝亲爱国"，注重激发个体的乡土情感和家国情怀

在深刻影响传统文化精神、塑造中国人的道德品格方面，"孝"是"仁"之外另一个最重要的道德范畴。"孝"原意为对父母的敬重、奉养和服从。自西周至春秋时期，以奉养父母、祭祀先祖为内容的孝道已成为维系我国国家和家庭生活的重要道德原则。春秋末期孔子提出"孝悌其为仁之本"（《论语·学而》），强调孝亲是培养仁德的根本。孟子继承孔子的立场，进一步强调孝对培养人的道德品质、表现仁爱精神的重要意义，认为仁的实质就是事亲，也就是孝，孝成为人之为人的一个重要标志，不孝即为禽兽。自汉代"独尊儒术"之后，历代统治者不断强调孝道，认为孝是"德之本"，奉之为"天之经""地之义"，倡导"以孝治天下"（《孝经·孝治》），把孝提到"百行之首"的地位。两汉、魏晋时期"孝"成为"三纲"的一大德目，确定为"父为子纲"，并引孝入律，不孝被法定为"十恶之首"。至宋以后，"孝"被理学家进一步绝对化为"天理"之必然。从此，"孝"与"忠""节"一起构成了传统道德的三大行为规范。受此影响，后来也出现了"愚孝""愚忠"的倾向。

由于孝悌（悌是指对兄长的敬，是孝的延伸）对人德性的养成和社会的稳定具有基础作用（仁民爱物，从亲孝开始），所以古代非常强调进行孝悌方面的伦理思想教育，"谨庠序之教，申之以孝悌之义"（《孟子·梁惠王上》），从而实现社会的长治久安。在传统社会，孝的精神和孝道教育适应了以宗法血缘关系为基础的传统社会，对于维持家庭和睦和社会秩序发挥了重要作用；由孝而形成的重视家庭的观念和热爱乡土的家国情怀也成为中国乃至东亚社会最显著的特色。在日、韩、新加坡等国，孝仍被视为重

要德目加以提倡，特别是韩国极重视"孝道"精神的弘扬，致力于把本国文化产业打造成"孝子产业"，这些经验值得参考与重视。

在今天，虽然社会结构已经发生了巨大变化，传统孝道的一些内涵（如强调绝对服从父母的"愚孝"观念）已经过时，但剔除其中的糟粕，孝亲仍是维系家庭和睦和社会和谐的重要基础。同时，孝道所体现的通过自幼培养、彰显爱父母的这种普遍的情感心理，去逐渐唤起关爱他人、关爱社会甚至关爱自然（亲亲而仁民，仁民而爱物）的乡土情感和家国情怀仍具有启发意义。可以说，在当前的学校教育中推崇孝亲爱国，激发"天下兴亡，匹夫有责"的家国情怀，是培养年轻一代的爱心、感恩和责任意识以及热爱乡土、热爱祖国意识的有效途径。特别是随着当前我国老龄化社会的到来"孝亲"的观念应该引起更广泛的重视。因此，学生综合素养的指标体系，需要体现孝亲爱国的内容，注意培养学生孝敬父母、尊敬长辈、爱国、感恩，做有自信、懂自尊、能自强的中国人，形成为了实现中华民族伟大复兴而不懈努力的共同理想追求。

（三）重视人格修养，倡导"重义轻利""诚信自律"精神

中国的传统文化思想一直重视人格修养"重义轻利"和"诚信自律"是传统人格修养中的重要内容。"义"是中国传统文化中又一占主导地位的价值观。孔子在继承传统的基础上，对"义"之含义做了发展，使其成为重要伦理范畴。孔子提出"君子喻于义"（《论语·里仁》），"君子义以为上"（《论语·阳货》）中以义为君子立身之本，又主张"见利思义"，强调做事要遵守义的准则，不该做的不能做、不该得的不能要。孟子突出了"义"作为道德法则的地位，明确将其列为"四端"（仁义礼智）之一，并强调义与仁一样，都内在于人心，是内心固有的道德法则。孟子强调"义利之辨"，主张不能因利害计较影响义的落实，主张重义轻利，甚至提出"舍生而取义"（《孟子·告子上》），把维护"义"看得比生命还重要。汉儒董仲舒继承了孔子、孟子的思想，并结合阴阳五行思想，从宇宙论的角度将"义"视为五种恒常不变的道德法则（"五常"即仁、义、礼、智、信）之一，同时提倡人生应以行义为其价值指针，所谓"正其宜不谋其利"（宜即是义）。宋明理学家则把"义"上升到"天理"的高度，将其规定为"天理之所宜"（朱熹《论语章句集注》），并基于维护"天理"的立场，提出"存天理，灭人欲"的号召，更加突显了"义利之辨"在道德修养中的重要性。重公义、轻私利成为中国传统文化的一个重要精神传统。

诚信是儒家伦理思想中的重要德目，对中国传统文化精神的塑造产生了重要影响。孔子把"信"视为"仁"的主要德目，要人诚信不欺、恪守信用，并引为治民、用人、交友的重要原则。孟子进而把"朋友有信"纳入"五伦"规范。汉代董仲舒则正式把"信"列为"五常"之一，确立了"信"在儒家道德规范体系中的重要地位。到了宋代，理学家二程、朱熹在其理学体系内强调"信"涵盖其他四德（仁、义、礼、智），体现于四德。与"信"相关的是"诚"，诚是信的哲学基础，也是做到信的修养方法。《中庸》提出"诚者天之道也，诚之者人之道也"，认为"诚"是天道的本质，人要通过"诚之"的道德修养方式，实现真实的本性，与天道合一。孟子继承这一思想并加以发挥，主张通过"思诚"，即反省和扩充内在的道德良知，达到圣人的境界。宋代周敦颐构建了以"诚"为核心的宇宙本体论体系，提出"以诚为本"的命题，认为"诚"既是宇宙的精神实体，又是道德的本原，还是道德修养的方式。二程、朱熹则以"诚敬存之"和"涵养须用敬"作为体认"天理"的道德修养方式，以此做到内心的纯粹专一和毫无私念，这成为整个宋明理学最重要的修身方式。

总之，在传统文化中，把"义"规定为行为之所宜、行之所当然，以"为义""行义"为价值的评价标准，并将义与利对举，注重"义利之辨"，不断强化超越私利而维护公义和精神维度，并以此为实现理想人格和提升精神境界的方式。"信"与"诚"则体现了诚实不欺、恪守信用、自省自律的诚信精神。在这些价值观的引导下，产生了一批又一批的具有浩然正气的义士君子，他们明辨是非、见义勇为、舍生取义的精神，为维护社会正义和伦理道义发挥了重要作用。诚信则成了传统社会中保持人际正常交往和维持社会正常运转的一种基础德性。在大力发展市场经济、利益交往日益频繁的现代社会，"义利之辨"原则下形成的见利思义、重义轻利的精神传统，对以逐利为特征的市场经济有重要的矫正功能。同时，诚信精神也显得越发可贵与必要。因此，传统文化中"重义轻利""诚信自律"等精神应渗透于学生综合素养指标体系之中。

（四）重视礼仪教育，倡导礼敬谦和、遵守规范、举止文明

在传统社会，中国文化被称为礼乐文化，中国被称为礼仪之邦，可见"礼"在传统文化中的重要地位。在夏、商、周三代时期，礼已成为整个国家、社会各项活动的典章制度和行为规范。孔子以恢复三代的礼乐文化为理想，以仁补礼，赋予礼以内在的道德心理基础，形成了"仁""礼"统一的伦理模式。孔子认为"礼"是人内在道德情感（仁）的表达方式，也是修身提升德性的重要依据与保障（克己复礼为仁），从而将外在的道德规范和社会制度（礼）与内在的道德情感（仁、义）结合起来。孔子强调，礼体现了尊敬、节制、谦让的精神，是实现自身与他人、与社会和谐相处的重要保障（礼之用，和为贵）是一个人融入社会的重要基础（不学礼，无以礼）。一个人必须通过礼义修身，才能成就君子人格（文质彬彬，然后君子）。因此，将礼乐作为对百姓进行教化的重要内容。孟子将礼视为"四德"（仁义礼智）之一，指出礼的精神是辞让（辞让之心，礼之端也）。荀子则在性恶论的基础上，主张"隆礼重法"，强调了礼、法等社会规范体系对节制人的行为、修身成德和维系社会秩序的重要性，成为封建礼制的理论奠基者。汉代董仲舒倡议"罢黜百家"后，儒学成为国家意识形态，儒家的道德礼仪制度也成为国家的"名教"。至宋代，理学家将"礼"与"天理"结合起来"理也者，礼也"，"礼谓之天理之节文"，为礼提供了本体论根据，论证了礼的合理性。此后，我国社会成为"礼教"社会。

在传统社会中，"礼"于外代表了一整套的道德规范和社会制度，其内在蕴含了尊敬、节制、谦让、和谐的精神。儒家强调仁与礼的结合，努力实现内在的道德情感与外在行为规范相统一，以此作为修身成德和实现完美人格的途径，这对于提升人的文明素养和社会秩序发挥了积极作用。当然，礼在传统社会中也出现了僵化、形式化和强制化的倾向，产生了种种流弊，受到学者们的猛烈批判，如魏晋玄学家对汉代名教的批判、清代戴震对宋明礼教的批判等。如果过滤掉其中的糟粕，中国传统的礼敬谦和教育对提升人的道德品质，形成文明礼让、举止优雅、行为端方的文明素养具有重要意义，有助于扭转当前学校教育中礼仪缺失、道德失范的缺陷。传统文化中的礼敬谦和内在蕴含着自我节制、举止文明、谦恭礼让、遵守法律与规则等基本取向。我们应该大力挖掘和继承传统文化中礼仪修身的优秀传统，将其作为学生发展综合素养的重要精神资源。

第三章 中华优秀传统文化与大学生道德素养

加强大学生道德素养培养，明确道德内容的层次性，培养高尚的道德品质和道德操守，掌握道德素养培养的基本方法，是高等学校培养社会主义现代化建设者和接班人的基本途径。

第一节 道德素养与大学生成长

道德素养是人的基本素养的重要内容。大学生良好的道德素养不仅是建设中国特色社会主义的内在要求，是建立和完善社会主义市场经济体制的客观要求，也是大学生道德、人生价值观发展完善的必然要求。因此，加强大学生道德素养培养，明确社会主义道德内容的层次性，掌握道德素养培养的基本方法，是高等学校培养社会主义现代化建设者和接班人的重要任务。

一、道德

（一）道德的定义

马克思主义认为，道德是由经济基础决定的社会意识形态和上层建筑，随着经济的变动而变动。永恒的道德，永远不变的善与恶、美与丑、荣与辱等道德观念是不存在的。不同社会的不同阶级有不同的道德规范。人们的行为，凡是有利于社会进步和社会发展的，就是合乎道德的，反之就是不道德的。肯定道德规范的历史性和阶级性，并不否认道德本身的继承性。任何先进阶级的道德规范总是要继承和发展先前社会中的有积极和进步作用的道德规范。社会主义和共产主义道德规范，是从无产阶级的阶级斗争的利益和全人类的利益中引申出来的，是最先进的道德规范。

在我们看来，道德泛指人们行为应当遵循的原则和标准。人们的行为符合这些规范，就被叫作是善的、正义的、道德的，从而受到社会舆论的鼓励、赞扬甚至歌颂；人们的行为违反了这些规范，就被看作是恶的、非正义的、不道德的，从而受到社会舆论的非议、批评甚至谴责。因此，道德既是约束人们行为的规范，又是评价人们行为的标准。它用善与恶、正与邪、正义与非正义、公正与偏私、光荣与耻辱、诚实与虚伪等道德观念来评价人们的行为，告诉人们什么是应该做的，什么是不应该做的，并逐渐形成了大家共同遵守的准则和用以衡量人们的行为规范。人们用一定的准则和行为规范来调节相互关系，就是社会的道德科学。

（二）道德所协调的关系

道德是调节人与人之间关系的行为原则和规范。但这种关系不仅仅是人与人的关系，而是包括了更广泛的关系领域，具体说来，涉及以下几重关系：

第一，人与人。这是道德所调解的最主要的一种伦理关系。人不能离开社会而单独生活，因此人与人之间必然要发生各种各样复杂的社会关系。例如，在家庭里，有父母子女、兄弟姐妹、夫妻、婆媳等关系；在学校里，有师生、同学、个人与班级、班级与班级等关系；在社会上，又有师徒、同事、朋友、邻里、亲戚等关系。人们生活在这种复杂的社会关系中，不可避免地要产生这样那样的矛盾，其中，最基本的是经济利益的矛盾。调节人与人之间的矛盾，可以通过强制性的政策和法律法规，但是，政策和法律法规并不能使人们完全自觉地控制行为和调解相互之间的关系。因此还需要道德调解。道德调解不是通过强制的手段，而是通过社会舆论、风俗习惯、各种形式的教育和人们的内心信念，使人们自动地调整相互关系。道德调解的特点是要求个人做出必要的节制和牺牲，个人对个人要求严己宽人，个人对集体要求体现整体利益的原则。道德可使社会变得和谐而有秩序。

第二，人与自然。道德不仅要调整人与人之间的关系，还要调整人与自然的关系，力求人和自然关系的和谐发展。中国古代围绕"天人合一"而展开的讨论，就表达了儒家对自然和谐关系的向往和追求。随着时代的发展，人与自然的关系日益密切，矛盾也愈发突出。一味地索取自然，盲目地征服自然，已经造成并且还将继续产生严重的恶果。所以现代人提倡科学发展观，在提高经济增长的同时，保护人类赖以生存的自然。在人与自然的关系上，应遵循人类自信与敬畏自然相结合、改造自然与适应自然相结合、利用自然与保护自然相结合、和谐发展与人类解放相结合等原则，遵循热爱自然生命、保护自然环境、防治环境污染、控制人口数量、提倡文明消费等规范。

第三，人与自身。随着时代的发展，道德关系还扩展到人与自身的领域。道德主体要善于认识和控制自身，要善于处理和驾驭与自身的关系。人与自身的关系要遵循自知、自尊、自信、自乐、自励、自律、自强、自省、自由等规范，提升自我，超越自我，从而使主体自我成为自然、社会和自身的主人，实现人生的真正价值。

二、道德素养

（一）道德素养的概念

道德素养是指人们从一定的道德准则和规范出发，在处理个人与他人、与社会的关系中，所表现出来的稳定的特征和倾向，是人们道德意识和道德行为的统一。简言之，就是做人的准则和标准。教育的目的主要有两个方面：一是做人，一是做事。做人是做事的前提和基础，学会了做人，才能更好地做事、做大事、成大事；做事是做人的目标和归宿，只有学会了做事，才能做大事、成大事，才能更好地体现做人的价值。大学教育是在基础教育的基础上，提高大学生的做人标准和做事能力。大学生要想立身成才，建功立业，首要的就是要先学会做人，也就是说必须有较高的道德素养，因此，道德素养是大学生的立身素养。

（二）道德素养与法律的区别和联系

作为行为规范的道德和法律，其特点表现在它们的联系和区别上。

从区别表现上看，第一，道德是与人类社会共存亡的。法律则不同，道德先于法律而产生，早在原始社会就已经产生了道德，但尚无法律。法律是社会划分为阶级的产物，只要有阶级存在，法律与国家就存在。第二，法律是由国家制定的强制性的行为规范，道德则是依靠社会舆论的力量起作用的。某种法律一旦由国家颁布之后，任何公民都得严格执行，不然就是犯法，就要受法律的制裁。道德则不同，它不是由国家强行制定和强制执行的。各种道德概念是靠社会舆论的力量，靠人们的习惯、传统，特别是通过各种形式的教育形成的内心信念来维持的。也就是说通过社会舆论，道德评价以及良心的作用，调节人们的行为。一个没有道德素养的人，做了损人利己的事，会受到人们的评论与谴责，以匡正、制约他的行为；而一个道德素养高的人，一旦发现自己的行为违反了道德规范，就会受到良心的责备，吸取经验教训，努力改过自新。第三，道德和法律起作用的范围不同。法律管的范围狭一点，道德管的范围要宽一些。道德注重思想与情感，法律注重行为。法律只管行为，而道德要追问行为的动因。道德是意在改善个人的品性，而法律只在支配个人彼此间的关系。如不得有贪心，不得有淫心，不得存杀机，不得有恶念等都是道德规则，而法律关注的是人的行为本身。

道德和法律又是密切联系的。第一，道德和法律都是统治阶级意志的反映，有着共同的阶级本质和共同目的。第二，道德是不成文的法律，法律是最低限度的道德。法律中包含着道德的内容，《中华人民共和国宪法》第五十三条规定："中华人民共和国公民必须遵守宪法和法律，保守国家秘密，爱护公共财产，遵守劳动纪律，遵守公共秩序，尊重社会公德。"这既是每个公民必须执行的法律义务，又是其必须遵循的道德规范。第三，道德和法律的作用是互相补充的。任何社会的统治阶级都是用道德和法律维护其阶级利益以及社会关系和社会秩序的。因此，我们在社会主义现代化建设中，大力倡导共产主义道德，有助于加强人们的社会主义法制观念。我们进行社会主义法制建设，也有利于提高人们的共产主义道德素养。这就是道德和法律在社会生活中的辩证关系，绝不能忽视两者的互补作用。

三、道德素养与大学生成长

大学生要想立身成才，建功立业，首要的就是要学会做人，即必须有较高的道德素养。因此，道德素养是大学生的立身素养。

（一）道德素养是大学生成功之匙

首先，道德素养是人的本质的特征之一。马克思说："人的本质并不是个人所固有的抽象物，在其现实性上，他是一切社会关系的总和。"个人只能在社会关系中生存和发展，而这种关系有特定的准则要求个人遵守，道德便是其中最为普遍、最为基本的行为准则。现实生活中，人们事实上也正是根据个人的道德素养及其表现进行道德评价的。如对那些严重失德的人，我们会常常听到谴责的声音，而那些具有高尚道德品质的人，则往往是人们心目中有理想人格的人，是鼓舞人们积极向上的榜样。可见，道德素养就是做人以及做什么样人的标志。其次，道德素养的提高，是个人发展的核心内容和主要目标。社会生产、社会关系的发展创造了道德，道德又进一步促进了人的完善。

高尚的道德素养在人才成长中的动力作用，主要表现在对个体成才动机的帮助和强化，对成才过程的激励和引导。高尚的道德素养帮助人们树立科学的世界观、人生观和价值观，树立远大的理想和抱负，培养坚强的意志和虚怀若谷的优良品德，激励人们为实现崇高的道德理想而刻苦钻研、努力拼搏、忘我求索，帮助人们正确认识与理解社会，树立正确的政治方向，坚定成才的信心。

（二）道德素养是大学生立身之本

当代大学生正面临着一个前所未有的变革时代，建设中国特色社会主义新的伟大实践对未来人才素养提出了很高的要求，其中核心素养就包括道德素养。大学生同其他社会成员一样，也是社会关系的组成部分。作为一代新人，要想适应当今和未来时代的客观要求，基本的一点就是要按照社会发展的客观规律和共产主义道德要求，自觉加强个人道德修养，提高道德素养。

个体的道德素养的高低，在各个不同的方面是有差别的，进入社会生活的人，其道德素养都是有高有低、有善有恶的。在当今社会生活中，由于社会正处在大的转轨和变革之中，人们对善恶的某些标准认识不尽一致。大学生是现代社会生活中知识层次和文化素养都相对较高的特殊社会群体，从总体上，绝大多数大学生都有比较高的道德素养，但这并不说明大学生不需要进行道德修养。相反，大学生的道德修养必须加强。

第二节　大学生道德素养的主要内容

一、爱国精神

爱国主义是民族精神的核心内容。当代大学生的爱国主义教育和民族精神教育必须要以爱国主义为重点内容，并从爱国主义出发向团结统一、爱好和平、勤劳勇敢、自强不息等内容延伸。

（一）爱国主义教育是重点

在大学生道德素养教育诸内容中，爱国主义教育是重点。这是指在围绕理想信念教育这一核心开展道德素养教育的过程中，必须突出强调爱国主义教育，把爱国主义教育放在重要位置。以爱国主义教育为重点，是由爱国主义教育在道德素养教育中的重要作用决定的。

1．有助于大学生培养高尚的道德情操

爱国主义是一种高尚的道德情感，爱国主义又是一种道德规范。在大学生当中开展爱国主义教育，一方面可以在大学生中弘扬和培育爱国主义，增强大学生的民族自尊心、自信心和自豪感；另一方面可以培养他们的忧国、报国的爱国情怀。所谓忧国，即指对祖国前途命运的关切与思考，所谓报国，即是指对国家和民族的一种责任心。在国家危难之际挺身而出，不怕牺牲，为国家的独立富强、繁荣昌盛甘愿奉献出自己的一切。

2．有助于大学生坚定中国特色社会主义的信念

爱国主义是一个历史范畴，在社会发展的各个历史阶段及不同历史时期有着不同的历史内涵。这是对现阶段爱国主义特征的最精辟的概括。在当代中国，爱国主义与爱社会主义在本质上是一致的。在改革开放与现代化建设的新时期，建设中国特色社会主义是爱国主义的必由之路，是爱国主义传统内容的深化，是新时期爱国主义的集中表现，是时代赋予的爱国主义教育内容的鲜明主题。在大学生中开展爱国主义教育，有助于使大学生把个人的前途命运与祖国的前途命运紧密联系在一起，为国家的独立富强尽心尽力地付出与奉献。

（二）爱国主义教育的内容

爱国主义是一个历史范畴，在不同的历史时期、不同的时代有着不同的内涵和要求。在新时期我们对大学生进行爱国主义教育，既要注重爱国主义的历史渊源和传统内容，又要把握当今时代的特点，为爱国主义注入鲜活的时代内涵。

1．中华民族优秀传统文化教育

民族文化是一个国家和民族全部智慧与文明的集中体现，是一个国家和民族不断发展的内在动力。我们的祖先通过世世代代的辛勤劳动创造出了光辉灿烂的历史文化，这是我们中华民族的历史瑰宝，是对大学生进行爱国主义教育的重要内容。一个国家在全球化浪潮中能否保持其优秀民族文化，不仅关系到本民族文化的生存与发展，还关系到国家的命运和前途。我们对大学生进行中华民族优秀传统文化教育，可以培养大学生对民族文化的热爱和认同，增强大学生的民族自尊心、自信心和自豪感。

对大学生开展中华民族优秀传统文化教育，首先要使大学生全面了解中华优秀传统文化。我国优秀传统文化既包括物质文化，也包括精神文化。

其次，要引导大学生正确处理本土文化与外来文化的关系，正确对待其他民族文化，自觉捍卫和弘扬本民族文化。

2. 社会主义信念教育

社会主义信念教育的具体内容包括：马克思主义基本理论教育，习近平新时代中国特色社会主义思想教育，党的基本理论、基本路线、基本方略教育，中国革命、建设和改革开放的历史教育，基本国情和形势政策教育以及科学发展观教育等。

走社会主义道路是中国人民经过长期的实践摸索做出的正确选择，是中国近代历史发展的必然结果。走社会主义道路是国家、民族、人民的根本利益所在，建设中国特色社会主义也就成为新时期爱国主义的主题。爱国和爱社会主义在本质上是一致的。我们在对大学生进行爱国主义教育的过程中，必须深入开展建设中国特色社会主义信念教育，引导大学生把满腔的爱国热忱投入到建设中国特色社会主义的伟大事业当中。

二、社会公德

社会公德是全体公民在社会交往和公共生活中应该遵循的行为准则，涵盖了人与人、人与社会、人与自然之间的关系。它具体是指人们在涉及对正式的或非正式的社会整体（如集体、组织、政党、阶级、民族、国家、公共场合秩序等）具有相应义务和责任的行为活动中应当遵守的道德规范和道德准则。人们对于社会公德往往有广义和狭义的理解。广义的理解是指人们在一些事关重大的社会关系、社会活动和社会交往中，应当遵守由国家提倡或认可的道德规范。宪法中倡导和认可的"五爱"，就是这种意义上的社会公德，并因为是由国家法律规定的，也可称为"国民公德"。狭义的理解，也有人把日常的公共生活中所形成的起码的公共生活规则，称之为社会公德。大学生要提高自身的道德修养，必须首先从遵守社会公德这一最基本行为准则做起。具体来说，就是要自觉做到《新时代公民道德建设实施纲要》（简称《纲要》）所指出的那样："文明礼貌、助人为乐、爱护公物、保护环境、遵纪守法。"

（一）大学生要做文明礼貌的模范

文明礼貌，是指要在人际交往中，注重个人形象，讲求必要礼节，衣着整洁，举止文雅，说话和气，用语得当，守时守约，尊重他人，宽以待人，相互礼让，遵守公共场所的各种规定，不影响、不妨碍他人的正常活动。

文明礼貌，可具体分为文明、礼貌两个方面。文明是人们在待人接物和日常生活方面所应共同遵守的行为规范。它是精神文明的一个重要内容，要求人们讲礼貌，遵守公共秩序和纪律，举止端庄，温良谦逊，仪表整洁，讲究卫生等等。对文明行为的要求，具有更丰富的内容和更深刻的社会含义。它是人与人之间同志式的友好诚挚感情的流露，是高尚道德和良好社会风气的具体体现，是社会主义一代新人精神文明的表现。只有心灵美，才能外表美，外表文明是内心文明的反映。我们提倡不论什么场合，待人接物，或处理个人、家庭生活等都要表里如一。培养自己高尚的道德情操、纯真的思想感情和良好的生活习惯。

中国素有"礼仪之邦"的美称。在中国人的传统里，有道德的人即"正人君子"是彬彬有礼、温文尔雅的。这种观念发展到现代，不但保留了原有的精髓，而且增加了守时守约、尊重他人、遵守公共场所的各种规定等内容，反映了在现代社会中人们普遍接受的时间观念、效率观念、契约观念、诚信观念、平等观念等先进观念。

（二）助人为乐是全心全意为人民服务的重要表现

助人为乐是指要发扬社会主义人道主义精神，将心比心、推己及人，多为他人着想，关心老弱病残、鳏寡孤独，热心社会公益事业；在他人遇到困难时，给予力所能及的帮助。

助人为乐，是基于对共同幸福与个人幸福之间辩证关系的深刻认识而产生的理性行为，是一种以帮助别人为快乐和幸福的优秀品质与高尚风格。它具有与人为善，想他人之所想，急他人之所急的特征。马克思说过，如果一个人只为自己活着，那么他的生命是暗淡的，人们只有为同时代人的完善，为他们的幸福而生活，才能使自己的生活具有意义。改革开放以来，我国涌现出了一大批反映时代精神的先进人物，他们的工作岗位、具体事迹各不一样，但都有一个共同的特点，那就是助人为乐，全心全意为人民服务。他们为群众办事，尽心竭力，分内的事办，分外的事也办，自己能办的要办，自己办不了的也想办法帮助办，努力使群众满意，让群众高兴。雷锋同志就是助人为乐的典范，雷锋精神的实质就是：忠于共产主义和社会主义事业，毫不利己专门利人，全心全意为人民服务，"把有限的生命，投入到无限的为人民服务之中去"，做一个平凡而伟大的共产主义战士。

在社会主义市场经济条件下，与助人为乐道德紧密相连的，是每个大学生都应该具有关怀弱者的爱心。市场经济鼓励和倡导竞争，有竞争就会有成败，会造就出强者，也会产生相对的弱者。如何使社会上的弱者和在市场竞争中处于不利位置的人们得到关怀和扶助，是社会健康发展的重要方面。先发展起来的现代化国家已遇到"对弱者关怀"的问题，因为这是形成社会深层次矛盾的重要原因。作为以人民当家做主为特征的社会主义国家，对人民群众，不管是先富裕起来的强者，还是尚未富裕起来的弱者，都应责无旁贷地予以关怀和帮助。这就需要通过社会成员互相之间的爱心传递，让社会充满爱，使弱者更多地感受到社会的关照和温情。每个大学生都应该富有爱心，对弱者像"春天般的温暖"，时时处处关怀他们。

见义勇为是社会公德的重要内容，是助人为乐思想的高层次表现。孔子曾说："见义不为，无用也。"意即道德上的勇敢在于做那些合乎道义、值得去做的事情。见义勇为作为一种敢于担当道义、一往无前、无所畏惧的道德品质，是社会公德的重要组成部分。它集结着人们的正义感、责任感和使命感，体现着人们的道德良心和人格尊严。做到见义勇为，首先要求人们在坏人坏事面前敢于挺身而出，同歪风邪气做斗争，奋不顾身剪除邪恶势力。第二，要求人们在事关公众利益或人民利益的情况下，勇于牺牲个人利益以成全公众利益或人民利益，"俯首甘为孺子牛"。第三，要求人们在大是大非面前勇于坚持原则和真理，不苟且，不随俗，"粉身碎骨浑不怕，要留清白在人间"。我们的社会和时代呼唤见义勇为、舍己为人的英雄行为。一个没有见义勇为精神的民族，是不会有希望的。有见义勇为才会看到社会正气、民族脊梁，大学生作为社会主义精神文明建设的主体力量，应当弘扬传统道德，敢于见义勇为。

（三）大学生要做爱护公物、保护环境的模范

爱护公物，是指要以主人的态度对待国家和集体财产，珍重社会公共劳动成果。爱护城乡道路、水电、通讯、交通、环卫、消防等公用设施，保护名胜古迹、历史文物。反对损坏公物、化公为私。

公物是社会全体成员或某一集体成员共有的财产，是公民享有社会权利的物质条件。爱护公物，体现了人们对劳动成果的珍惜和对劳动人民的尊重。我国宪法规定，社会主义的公共财产神圣不可侵犯，公民必须爱护和保卫公共财产。为此，每一个大学生首先都要确立社会的整体利益神圣不可侵犯的观念，自觉爱护公物，做到以主人翁的态度对待国家和集体财产，珍惜社会共同的劳动成果。其次，办一切事情都要遵循勤俭节约、艰苦创业的原则，反对铺张浪费。要合理开发利用社会和集体自然资源，反

对急功近利的短期行为，要坚决反对损坏公物、化公为私的行为。

保护环境，是指要树立可持续发展观念，珍惜自然资源，保护生态环境，爱护花草树木、野生动物、人文景观，节约用水，防治废渣、废水、废气和噪声污染，维护公共卫生，不随地吐痰、乱扔垃圾。

保护环境就是保护我们生存的家园，就是维护人类的共同利益和长远利益，是爱护公物道德思想在新的历史条件下的新内涵。大学生要自觉树立可持续发展的观念，珍惜自然资源，保护生态环境。坚决反对一切破坏环境的行为。保护环境是当代社会公德之一，指人们在对待周围自然环境的态度和行为上所应遵循的道德规范（或准则）。人和自身生活其中的自然环境之间，本来是不存在道德关系的（因为道德关系只是人与人之间的社会关系）。但是，随着社会生产的日益扩大和自然资源开发的日益加快，如何对待周围自然环境的问题，成为直接关系当今人类生活和未来人类生存的严重社会问题。因此，社会应从包括道德在内的各个方面端正人们的态度和调节人们的行为。现在，不少国家都为此制定了相应法律及社会措施，中华人民共和国也为此颁布了《中华人民共和国环境保护法》及其他相应法规。对于社会主义社会来说，在加强相应法制的同时，还应当逐步形成疏导和约束人们相应态度和行为的道德规范（或准则）。目前对自然环境的人为性破坏，突出表现为生态平衡失调和自然环境污染，以及由此所引起的对气候和人类健康等的消极影响。社会主义社会现阶段的环境道德的主要要求是：每个人应有造福而不殆祸子孙后代的高度责任感，从社会的全局利益和长远利益出发，开发自然环境，发展社会生产，维护生态间的平衡，最大限度地保障人类生活环境不被污染。

在高速发展的现代社会，人与社会的关系，人与自然的关系成为人们关注的一个焦点。处理好人与自然的关系成为人们普遍关注的课题。人是自然之子，人在地球的生态中应该明确自己所占的位置。正是基于现代人高度的理性和对于自身命运的强烈关怀，充分关注环境的保护和发展成为衡量现代人道德素养的一个重要尺度。树立保护环境的意识，最根本的是要认识到自然是我们最根本的资源，地球是我们唯一的生存依赖。保护环境的意识还包括地球资源的有效利用和人口有计划控制的理念。这都关系到我们的生存环境。所以，保护地球的环境意识所表现出来的不仅是对自身个体的关心，更重要的是包含了对整个人类命运的责任。是一种由己及人、由此及彼的情感升华。大学生的道德建设，毫无疑问也应该注入这种内涵。

（四）遵纪守法是每一位大学生的行为准则

遵纪守法，是指要树立法制观念，学法、知法、用法。维护宪法和法律权威，执行法规、法令和各项行政规章。遵守市民守则、乡规民约、厂规校纪和有关制度。

遵纪守法就是遵守党纪国法，法律、纪律体现社会公正、公平，法律纪律要借助强制手段来推行，同时也要借助人们的内在节制和主观努力来维系。是否遵纪守法，是最起码的社会公德，是每个公民应尽的义务和责任，更是每个大学生必须做到的行为准则。具体而言，要在以下若干方面起模范带头作用。

第一，牢固树立法律意识，自觉守法、知法、用法。依法治国是我们治理国家的基本方略，是发展社会主义市场经济的客观要求，是社会文明进步的重要标志。依法治国，建设社会主义法治国家，要求大学生必须加强法律知识的学习，增强法律意识、观念和依法办事的能力，养成学法、守法、用法的良好习惯。

第二，自觉维护宪法和法律权威，严格执行法规、法令和各项行政规章。我国的宪法和法律是人民意志的体现，是由国家权力机关通过民主程序制定的，是任何组织和个人都必须遵守的行为准则。法律面前人人平等，任何人、任何组织都不能超越法律行事。大学生必须带头遵守和执行法律、法规和法令、各项行政规章，自觉维护宪法和法律的尊严。

三、家庭美德

家庭道德是每个公民在家庭生活中应该遵循的行为准则，涵盖了夫妻、长幼、邻里之间的关系。家庭道德是在一定的社会历史条件下形成的，是规范家庭生活、调节家庭关系和约束家庭成员行为的道德准则。家庭道德具有很强的社会属性，既是家庭生活质量的保障，又是形成良好社会道德风尚的根基。因此，家庭道德建设是社会道德建设的重大课题。

家庭道德是维系家庭和谐幸福的精神支柱，是现代家庭是否健康向上、和谐融洽的标志。家庭的幸福与否，固然与家庭的物质生活水平相关，但更重要的还在于用什么样的价值观来指导和调整家庭生活中的各种关系。由于家庭成员在年龄、辈分、性格、文化、理想、志趣等方面的差异，家庭中的利益矛盾、兴趣冲突不可避免，这就必须用一定的道德规范来调整和约束家庭成员的行为，否则，家庭中就会矛盾冲突不断，甚至导致家庭破裂。

第一，家庭道德规范基本内容。《纲要》指出："要大力倡导以尊老爱幼、男女平等、夫妻和睦、勤俭持家、邻里团结为主要内容的家庭美德建设，鼓励人们在家庭里做一个好成员。"尊老爱幼，是指要孝敬父母，敬重长辈，关心他们的物质和精神生活，理解、尊重老人的意愿。精心抚养子女，以平等民主的态度对待孩子，鼓励他们自强自立，积极向上。男女平等，是指要尊重和保障妇女权益，反对歧视妇女；恋爱自由，婚姻自主，反对包办买卖；共同商量和处理家庭事务，反对大男子主义；生男生女都一样，反对重男轻女。夫妻和睦，是指夫妻间要互相信任，互相尊重，真诚相待。共同承担家庭责任，有福共享，有难同当。理解和支持对方工作，主动分担家务劳动。实行计划生育，做到优生优育。注意思想交流，增进夫妻感情，反对轻率离婚。勤俭持家，是指要勤俭节约，量力而行，量入为出，妥善安排家庭生活。衣食住行，合理消费。婚丧嫁娶，文明简朴。文化娱乐，丰富健康。反对盲目攀比、铺张浪费、好吃懒做、奢逸败家。邻里团结，是指邻里之间要以礼相待，互谅互让，互帮互助。心里有他人，不乱挤乱占公用场地和设施。发生纠纷，无理要认错，有理要让人。关心社区建设，积极参与社会活动。

第二，家庭道德建设的作用。家庭美德不仅对家庭起着至关重要的作用，而且对社会也具有强烈的辐射功能。家庭是社会的细胞，家庭成员也是社会成员，其道德意识和文明行为对社会公德和职业道德的形成有着重要的影响和作用，直接关系到整个社会的安定和团结。我国历代思想家都极为重视家庭伦理道德的作用，强调"修身""齐家""治国平天下"，强调家和万事兴。文明幸福的家庭是社会问题的"减压阀"，如果家庭关系处理不好，夫妻反目，婆媳相嫌，邻里成仇，必然会损害整个社会的安定和谐。因此，《纲要》指出："家庭生活与社会生活有着密切的联系，正确对待和处理家庭问题，共同培养和发展夫妻爱情、长幼亲情、邻里友情，不仅关系到整个家庭的美满幸福，也有利于社会的安定和团结。"

家庭道德对社会的安定的作用，主要通过个体道德化的途径来实现。家庭作为人类的初级群体，它是个体与社会的中介，是引导个体走向社会的桥梁，在人的社会化过程中有着非常重要的意义。其一，家庭是人们的生活共同体，家庭成员在长期的共同生活中密切接触，有着相互影响和潜移默化的作用。其二，家庭成员的根本利益是一致的，子女是父母生命的延续，父母对子女进行教育的过程中具有高度的责任心和深厚感情。其三，子女从小生活在家庭中，心理上对父母有着强烈的依赖感和高度的责任感，易于接受父母的教育与训练。从这个意义上说，家庭伦理道德是个体与社会发生联系的润滑机制，当家庭伦理道德与社会公德、职业道德趋于一致时，个体道德的社会化就能沿着健康的轨道发展，从而保证社会正常秩序。

第三，大学生应该以正确的价值观搞好家庭道德建设。家庭道德是社会主义道德体系的重要组成部分，是调节家庭成员之间以及与家庭生活密切相关的人际交往关系的行为规范。在公民道德建设中，家庭道德建设是一块重要的基石，每一位大学生都应该从这个高度来认识家庭道德建设的重要性，用正确的价值观来处理家庭成员以及与之相关的人际交往的关系，始终坚持全心全意为人民服务的道德宗旨，每个家庭成员就是人民群众中的一个分子，而且是与自己关系最为密切的"人民"，倘若不能正确地处理好家庭关系，全心全意为人民服务就不过是高调，是奢谈。

因此，每个大学生都要以《纲要》中提出的家庭道德规范为准则，在家庭道德建设中发挥积极模范带头作用。

四、生活道德

公民道德规范是对全体公民的一般要求，这种一般的道德要求必须体现在每个公民的具体道德生活实践中才能得到贯彻落实。大学生学习、贯彻公民道德规范，必须自觉地结合自己的大学生活实际去践行这些规范，使践行公民道德规范与提高大学生活的质量和品位融为一体，这就形成了大学生活的基本道德准则。

（一）文明

文明是指人类社会发展的进步状态。人类社会的进步程度通常表现为人类文化的发展水平。从总体上来说，人类文化包括物质文化和精神文化这两个方面，因而，文明的生活方式其实就是与人类物质文化和精神文化发展水平相适应的生活方式。"文明"作为精神生活的道德准则，表明道德文明是精神文明的重要内容，道德修养是精神生活的重要方面。它要求大学生们内心的道德需求和外在的文明行为，都必须适应社会发展的进步状态，符合社会主义的道德要求。我们的国家和学校为大学生的成长提供了良好的条件，使之在精神生活方面具有较多的优势。因此，大学生们在追求生活的文明程度时，应充分利用大学的有利条件，侧重于自身的精神文明建设，加强社会主义的道德修养，坚持坚定、正确的政治方向，努力提高精神生活的质量。

（二）健康

健康是指人的正常发展状态。人的正常发展包括人的生理、心理、智能、品德等各个方面。健康的生活方式应该有利于人的全面、正常的发展，有助于陶冶人的高尚情操，培养人的道德精神，增强人的社会责任感和民族自尊心，形成良好的行为习惯和积极向上的生活态度，使人的整体素养得到提高和优化。把"健康"作为大学生精神生活的一条道德准则，则要求大学生们克服庸俗的、低级趣味的精神状态，追求高尚的生活目标和生活理想，开展丰富多彩而且有利于增进身心健康、提高道德境界、促进全面发展的活动。在当今对外开放的形势下，我们在引进外国的科学技术和先进的管理方法的同时，也要吸收资本主义国家的生活方式中某些积极的东西，而资本主义的某些腐朽没落的东西也必然随之或多或少地渗透进来。在这样的情况下，我们更需要加强社会主义道德修养和精神文明建设，自觉抵制资产阶级低级、庸俗、腐朽的思想，以使自己健康成长。

（二）科学

科学是反映自然、社会和思维的发展规律的知识体系。科学的生活方式是指在科学文化知识指导下展开的、具有较高效益的生活方式。在大学生的精神生活中，把"科学"作为一条道德准则，就是要求大学生们树立科学的人生观、道德观、幸福观和价值观，力求生活内容健康丰富，生活结构合理充实，生活形式富有情趣，生活行为合乎道德。为此，大学生们应该认真学习科学理论，自觉地用马克思主义科学的人生理论和道德理论，指导自己的生活实践和道德实践。有些同学不加分析不加批判，盲目接受西方资产阶级的人生哲学和道德观念，并把享乐主义、利己主义等奉为自己的行为准则，从而使自己精神空虚，无所事事。这就是精神生活缺乏科学性的表现，是与社会主义的道德要求格格不入的。

文明、健康、科学是社会主义现代化生活方式的基本特征和时代要求，也是人们的精神生活必须遵循的道德准则。大学生的精神生活要体现文明、健康、科学的特点，关键就是要用社会主义道德的力量，陶冶自己高尚的生活情趣，培养崇高的生活理想。这不仅对于提高大学生活质量，而且对于全部的人生追求都具有重大影响和意义。

五、职业道德

职业道德是所有从业人员在职业活动中应该遵循的基本准则，涵盖了从业人员与服务对象、职业与职工、职业与职业之间的关系。职业道德是同人们的职业活动紧密相关的，具有不同职业特征的道德规范的总和。一般来说，从事某种特定职业的人们，由于有着共同的劳动方式，经受着共同的职业培训和职业的熏陶，承担着共同的职业义务，因而形成了具有自身职业特征的道德观念、道德情感和道德品质。

第一，职业道德规范基本内容。《纲要》指出：要大力倡导以爱岗敬业、诚实守信、办事公道、服务群众、奉献社会为主要内容的职业道德，鼓励人们在工作中做一个好建设者。爱岗敬业，是指要树立正确的职业理想，干一行，爱一行，干好一行，脚踏实地，不怕困难，有吃苦精神，忠于职守，团结协作，认真完成工作任务，钻研业务，提高技能，勇于革新，做行家里手。诚实守信，是指要做老实人、说老实话、办老实事，用诚实劳动获取合法利益，讲信用，重信誉，信守诺言，以信立业，平等竞争，以质取胜，童叟无欺，反对弄虚作假、坑蒙欺诈、假冒伪劣。办事公道，是指要坚持公平、公正、公开的原则，秉公办事，处理问题出于公心，合乎政策，结论公允。主持公道，伸张正义，保护弱者。清正廉洁，克己奉公，反对以权谋私，行贿受贿。服务群众，是指要听取群众意见，了解群众需要，为群众排忧解难，端正服务态度，改进服务措施，提高服务质量，为群众工作和生活提供便利，反对冷硬推脱、吃拿卡要，抵制行业不正之风。奉献社会，是指要有社会责任感，为国家发展尽一份心，出一份力，承担社会义务，自觉纳税，扶贫济困，致富不忘国家，艰苦奋斗，多做工作，顾全大局，必要时牺牲局部和个人利益，反对只讲索取，不尽义务。

第二，爱岗敬业是职业道德的基础和核心，是社会主义职业道德提倡的首要规范。爱岗敬业是任何一种职业的从业人员的本分。我国近代学者梁启超说过，任何职业都是神圣的，因为人不仅为生活而劳动，也为劳动而生活，劳动、做事是生命的一部分。视职业岗位如同生命一样神圣，全心全意地热爱它，尽心尽力地做好它，就是爱岗敬业。爱岗敬业是一种高尚的道德情感，源于对自己所从事的职业价值的认同。有或者没有这种情感，会导致极不相同的工作态度和工作效果。在格外重视自我价值、"自我实现"的今天，只要有爱岗敬业的精神，每个人都能够在平凡的岗位上创造出不平凡的业绩。

第三，大学生是未来的建设者，要搞好职业道德建设，需从以下四个方面努力。其一，要树立正确的职业理想。一个人是否有作为，不在于他从事的是何种职业，而在于他是否尽心尽力地把所从事的工作做好。俗话说"三百六十行，行行出状元"。因此，将来无论从事什么工作，只要是对社会有益，对人民有益，就要做到干一行、爱一行、专一行，不能朝秦暮楚，见异思迁，得过且过。中华民族历来就是一个推崇敬业乐业精神的民族，素有"宠位不足以尊我，而卑贱不足以卑己"的职业价值观，非常鄙视那种"大事干不来，小事不愿为"的浮华习气。古今中外的杰出人物，没有一个是不热爱自己所从事的职业的，也没有一个是不乐意为自己所从事的职业而献身的。任何一个敬重自己事业的人，都会把这种爱表现在自己所从事的工作岗位上。再平凡的工作岗位，也能体现出崇高的敬业精神，能做出突出的成绩。离开了这一点，任何鸿鹄之志，都是不可能实现的。其二，要具有脚踏实地的工作态度。脚踏实地做好工作是爱岗敬业的具体表现，工作没有做好，爱岗敬业就是一句空话。做好工作就需要不怕苦、不怕累、不怕流汗水，具有强烈的事业心和责任心。

第四，要具有刻苦钻研、善于创新、勇于创新的精神。任何工作都有学问，所谓"行行出状元"。只有认真学习钻研工作中的学问，才能真正做到爱岗敬业。

现代社会里，要做到爱岗敬业，就必须树立追求卓越的志向。我们身处的市场经济社会，是一个充满竞争的环境。要参与竞争，并赢得竞争，就是要追求"最好""一流"，就是要追求卓越。只有卓越，只有"人无我有、人有我优、人优我新"，才能在激烈的竞争中始终处于主动的态势和领先的地位。面对快速变化的时代和蓬勃发展的形势，因循者和平庸者必然落伍，只有奋进者和卓越者才能与时俱进，始终站在时代前列。当然追求卓越不仅仅是绝对意义上的，它的实质在于一种精神气度和奋斗意志。特别是在快速变化和发展的现代社会，一方面旧事物不断遭到淘汰，另一方面，新的机会、新的事物也在不断获得生长和发育。即使一个人在某一领域可能会落伍和淘汰，但他还有机会在其他领域获得领先和发展的机会。就这一意义而言，只有不懈奋斗，每一个人都有追求卓越的机会。

第五，诚实守信，是干好工作、成就事业的基本品质。"诚信"基本内涵，包括"诚"和"信"两个方面。"诚"，主要是讲诚实、诚恳；"信"，主要是讲信用、信任。"诚信"的含义，是讲忠诚老实、诚恳待人，以信用取信于人，对他人给予信任。诚实守信，是做人的基本准则，是职业活动中人们相互联系的凭借。

现代汉语中，人们已经广泛使用"诚信"概念，现代人对"诚信"的使用大多不再基于"诚"超越层面的本体论意义，而是从规范层面取其"诚实守信"的基本意义。但是，如果我们细察起来，"诚"与"信"的规范意义仍然是存在细微差别并各有侧重的。"诚"更多的是指"内诚于心"，"信"则偏重于"外信于人"；"诚"更多的是对道德个体的单向要求，"信"则更多的是针对社会群体提出的双向或多向要求；"诚"更多的是指道德主体的内在德性，"信"则更多的是指"内诚"的外化，体现为社会化的道德践行。当然，这种区分并不具有绝对的意义，二者是相互贯通、互为表里的，"诚"是"信"的依据和根基，"信"是"诚"的外在表现。正如北宋理学家张载所言："诚故信，无私故威"（《张载集·正蒙·天道》），"诚"与"信"共同保证我们的道德。

"诚信"首先是处理个人与社会、个人与个人之间相互关系的基础性道德规范。孔子讲"民无信不立"，是指国家的统治者应取信于民，否则就得不到老百姓的支持。孔子讲的是国家与民众的关系。把孔子的话引申开来，在个人与社会、个人与个人之间，也可以说是"无信不立"。国"无信不立"，统治者"无信不立"，领导者"无信不立"，家庭"无信不立"，个人当然也是"无信不立"。在公民道德建设中，要大力倡导做老实人、说老实话、办老实事，以信待人、以信取人、以信立人的美德。

诚实守信，是做人的基本准则，也是职业活动中人们相互联系的道义凭借。在现代社会中，人与人之间的接触越来越广泛，越来越频繁，人们，尤其是原本不相识、不相亲的人，之所以能够彼此合作，靠的就是诚实守信。诚者，开心见诚，无所隐伏也；信者，诚实不欺，信而有征也。自古以来，信被视为一切德行的基础，是最基本的道德。中国传统道德讲"仁义礼智信"，"人无信不立"，人不讲信用，就难以在社会上立足。在"江南药王"胡庆余堂的总经理室高悬的"戒欺匾"说："凡百贸易着不得欺字，药业关系性命，尤为万不可欺。"这是创办人、著名的清朝商人胡雪岩于光绪四年立下的。重义守信，作为中华民族的传统美德，应该将它进一步发扬光大。信用是发展市场经济的道德前提。没有信用，交换就不能进行。在我国民间流传的格言中，有许多都是讲商业道德特别是信誉的重要性的。如"君子爱财，取之有道""诚交天下客，誉从信中来""诚信赚得字号久，谦和赢来顾客长""买卖不成仁义在"等。做买卖是要赚钱的，但是也要赚得光明磊落，不能赚黑心钱。

诚实守信，要讲信用。信用是成就事业的根本。一个人没有信用，就不能与别人合作共事。我国著名的思想家、教育家孔子说过："人而无信，不知其可"。诚实守信，历来是成就事业者的基本品质。在改革开放，发展社会主义市场经济的过程中，要求人们讲信用、重信用有着很强的现实意义。大学生要带头讲信用，带头与各种不讲信用的现象和行为做斗争，促进全社会养成诚实守信的良好风气。

诚实守信是现代社会互相合作的重要前提，也是市场经济条件下公平竞争赖以维护的重要准则。现代社会是一个高度复杂的大系统，社会生活必须依据各种规则有序地运行。其中法律是社会规则的一种成熟形态。但是，法无尽备、法无尽善，法律不是规则的全部。因此，还需要有诚实守信的道德，从人们内心深处来规范其行为。通过信守承诺，人们建立起健康有序的社会生活和群体生活。如果在这样一个高度复杂的现代社会里，每一个人都各行其是，互相欺诈，就没有群体生活和公众秩序可言。因此，就某种意义而言，来自道德层面上的自我约束比来自法律层面上的约束更为重要。法律约束仅仅在一定的范围内对人的特定行为产生约束作用，受到时间、空间及有关技术手段和执行成本的限制。而自我的和来自社会成员道德概念的道德约束更具有经常性、及时性和广泛性。当诚实守信成为每一个人的自觉行为和整个社会约定俗成的规范时，它就成了维护社会成员具体的个人利益和整个社会的共同利益的强有力的基础。

第三节　大学生道德素养的时代理解

一、转变理念：尊重大学生的主体作用

主体与客体是人类一切活动的基本要素，它们的对立和统一贯穿于人类认识和改造世界的始终。在哲学上，主体是在与客体的相互联系、相互作用中而存在的，并且主体与客体也处在相互转化中。道德教育是一种关于人的对象性的活动，因而道德教育活动及过程必然包含主体与客体的问题。研究大学生道德教育主客体及其相互关系，尤其是科学地把握主客体对象的特点，科学地认识客体的主体性，对于大学生道德教育实践的发展具有十分重要的意义。

（一）大学生道德教育客体的主体性及其意义

道德教育主体与客体的区分，是为了强调党对道德教育的领导作用，强调道德教育应该坚持正确的主导方向，强调道德教育者应该承担起发动、组织道德教育活动的重大责任。由于大学生道德教育主客体的特殊性，即主体与客体都是具有主体性的人，不仅道德教育主体对道德教育活动有着

重大的影响，道德教育客体的主体性也会在道德教育活动中发挥重要的作用。近年来，人们开始对大学生道德教育客体的主体性进行研究，认为高校学生接受教师的教育，是受教育者的角色，是客体，但他们是学校最主要的群体，应重视他们的积极性、能动性和创造性在道德教育中的发挥，并把它引导到正确方向上来，使之成为增强道德教育有效性的促进手段。因此，大学生道德教育要树立以生为本的思想，确立道德教育是人的工作的理念。

（二）大学生道德教育坚持以人为本的原则

坚持以人为本，就是一切从人民群众的需要出发，促进人的全面发展，实现人民群众的根本利益。以人为本是科学发展观的核心和本质，也是大学生道德教育的出发点和归宿。大学生道德教育坚持以人为本的原则，是指在道德教育中，重视人的价值，肯定人的作用，坚持一切从人出发，尊重人、理解人、关心人，充分调动和激发受教育者的积极性和创造性，以达到人的全面发展为目的的观念。

传统道德教育强调教育的社会适应性，忽视个体适应性，教育的目的往往以社会的规范和要求为依据来确定。传统道德教育还认为，在道德教育中教育者是主体，受教育者处在被动、服从的地位。在这种观念的影响下，道德教育自我排除和否定了教育者与受教育者之间的良性互动，忽视了受教育者在教育过程中的主观能动作用，并由此形成了单纯强调知识的灌输，或者单纯强调行为的训练和管理的"说教式"和"管教式"两种僵化的教育模式。

大学生道德教育必须坚持以人为本的原则，开展道德教育时，要把提高师生素养摆在突出位置，坚持办好实事关心人温暖人，解疑释惑教育人提高人，寓教于乐引导人陶冶人，组织活动凝聚人满足人，弘扬先进激励人鼓舞人。道德教育的加强和改进为提高师生个体素养提供了外部条件，而这些条件只有通过个体的内在因素才能发挥作用。从人的素养形成和发展规律来看，人的素养不是外在于人的，而是在社会影响下引发人体内部身心发展而养成的。这就要求每位师生都要加强自我教育、自我修养和自我调适，将思想教育内容内化为自己的价值观念、行为规范、情感意志和行为模式，积淀成自身的素养，让师生在参与中自己教育自己，自己提高自己，增强识别各种错误思潮的能力。大学生道德教育必须坚持以人为本的原则，要从思想上、学习上、工作上以及成长与发展等方面关心教育对象，把道德教育落到实处，把开展道德教育同解决师生的实际问题紧密结合，把解决师生最关注、与师生切身利益联系最密切的问题，作为解决师生思想问题的切入口，通过为师生办好事办实事，使师生思想认识得到提高，矛盾得到化解。大学生道德教育坚持以人为本的原则，要求以提高师生道德素养为道德教育的出发点。

（三）尊重学生的主体地位

学校的一切工作都是围绕着培养合格人才这个总目标进行的。教师在人才培养过程中处于中心地位，是主导作用。然而，学生又是受教育的主体，是有主观意识的人。教师的主导作用只有通过学生这个主体的接受，才能体现出来。这就是学生的主体性。我们在探索道德教育的内容和方法时，要尊重大学生在教育活动中的主体性，坚持以生为本。大学生道德教育要始终为学生的成长进步与成才服务。道德教育者必须从"服务"的角度去理解道德教育工作的性质，探索适时实用的新方法。那种将学生置于被动受教育的地位，忽视学生的主体地位，居高临下式"灌输"的老办法必须改变。要特别注重把握学生的实际需求。只有符合学生实际需求的教育才能为学生乐意接受。我们的道德教育，如果不能深入了解和研究工作对象的内在需求，根据学生的所想、所需去确定教育的内容和方法，组织开展丰富多彩且喜闻乐见的生动活泼的教育活动，"通情"而后"达理"，就很难使学生自觉地接受教育，道德教育也得不到广大学生的认同和支持。因此，道德教育者要不断提高自身的道德教育素养和教育引导学生的能力，经常深入学生之中，了解学生的需求，解决实际问题。

大学生道德教育者要切实克服以往那种居高临下的观念，要与学生平等相待，变单向灌输为师生互动，以交流为途径，以沟通为方法，创造良好的氛围，激发学生的主体意识。道德教育者要争取做到与学生心理相融，情感相通，注意调动学生的积极性，激发学生内在的潜力，注重把握学生的个性特点，引导他们能动地接受教育，学会自我教育。我们的道德教育如果不能切合当代大学生的思想实际，而是一味机械地灌输，就不会达到预期的实际效果，甚至可能引起学生的逆反心理，产生抵触情绪。大学生道德教育要面向每个学生，尊重、关心、教育好每一个学生，引导学生从自身内在需要出发，形成正确的需要层次和需要结构，通过道德教育最大限度地激发学生内在成才动力，发挥他们的主体作用，积极引导大学生提高自身素养，寻找正确的成才途径和方法，立足现实，放眼未来，自立自强，刻苦学习。

（四）树立道德教育主体全员化的观念

在高校，道德教育主体具有广泛性，凡是有目的、自觉地影响学校师生政治觉悟、思想观念和道德行为的组织和个人，都属于道德教育的主体。从事道德教育的机构和人员是道德教育主体的核心部分，担负着更加重要的职责。高校要不断建立和完善党委统一领导，党政工团齐抓共管、分工协作，各级领导干部"一岗双责"的道德教育领导体制，形成"全员育人"的道德教育网络。全体教职员工要树立"教书育人、管理育人、服务育人"的观念，把道德教育渗透在教学、科研、管理等各项具体工作中去，为道德教育的开展提供可靠的组织保证。高校要培养造就一支既具有较高理论水平又熟悉道德教育的专职队伍，配备一支学历、年龄结构合理的辅导员队伍，明确任期和职责，做好大学生的党建工作和道德教育。同时要树立大学生道德教育也包括教职工的道德教育的理念。注意关心青年教师的生活，帮助他们解决工作、学习和生活中的实际困难。而教师自身要把握好自己的角色定位，在道德教育中发挥激励者、组织者、指导者和促进者的作用，为培养千百万全面适应社会主义现代化建设的高素养人才作出贡献。

二、与时俱进：优化传统道德价值认知

当今世界正在发生广泛而深刻的变化，当代中国正在发生广泛而深刻的变革。这些变化和变革必然会带来思想的空前活跃，以及正确思想与错误思想、进步观念与落后观念的相互影响，同时人们的思想也呈现出一系列新的特点。对此，我们必须坚持马克思主义的立场、观点和方法，主动回应和解惑释疑，要突破传统观念的限制和束缚，不断更新教育理念，强化社会主义荣辱观教育，积极引导广大师生正确认识社会变革给思想观念带来的各种影响，分清主流和支流、正确和谬误，这是大学生道德教育的一项重要任务。

（一）传统价值观的"四个转向"

社会主义市场经济的建立和完善，导致社会价值体系的深刻变化。高校师生的价值观的变化则是这种社会变化过程中最为典型的。主要体现为以下"四个转向"：

一是由单一价值观信仰转向多元价值观信仰。出现了多种价值观并存的格局，价值及价值观的相对性和层次性显著增多。高校教师的价值观相

对大学生来讲，较为单一、传统，而大学生的价值观更为现代、更为多元化。中、老年教师比青年教师更为单一、传统，价值观更为理想化。而在大学生中，研究生、高年级本专科生的价值观相对低年级学生更为多元化，更为现代化。这种价值观的变化，与每个时代的人所接受的教育有关，与每个时代的国内外条件和社会背景有关。

二是由理想主义的价值取向转向务实主义的价值追求。随着社会开放度的扩大，人们的选择性加大。现今人们的思想价值标准逐渐从理想转化为实际，讲实在、讲实惠蔚然成风。这种表现同样也是青年人多于年长者，大学生尤为突出。教师中，年轻教师胜于中、老年教师。

三是由重义轻利的传统价值观转向义利统一的价值观。长期以来，高校教师的价值观中存在重义轻利，他们轻视物质利益，注重精神、和谐、平等、公平等基本价值取向。而现在这种传统的价值取向在中、老年教师中已有所改变。

四是由过去的集体本位价值观转向重视个人价值、权力和利益。改革开放以来，中老年教师的价值观发生了深刻的变化，重视个人价值追求的现象较为普遍。青年教师和大学生有较强的自主意识，不消极依赖、盲目服从，要求发挥自我价值的欲望更为强烈，个人的发展有了更多的机会和更广阔的空间。

这些价值观的转变，主流是积极的，是适应和符合社会发展潮流的，是与市场经济的发展要求相吻合的，对社会、对学校的改革发展是有利的。但是，我们应清醒地看到，由于各种价值观的交错和碰撞，一些学生，包括小部分青年教师，出现了价值观上的混乱，在极少数教师和学生中，出现了信仰物化和信仰的失落，对理想、前途感到困惑和迷茫。为此，我们要注意到这些消极的负面的因素，要加强道德教育，在大力提倡现代意识、现代观念的同时，又要大力提倡正确的、科学的价值标准和价值理念，积极引导广大师生树立一种既注意个人利益和个人发展，又注意国家、集体利益的两者相结合的奋发向上的价值观。

（二）从"重义轻利"走向"义利统一"

在中国传统文化中有一种"重义轻利"的观念。古代的"重农抑商"，商业不登大雅之堂，是出于商业要讲"利"。中国文化中充满对"义"的崇拜，如"义不容辞""义无反顾""舍生取义"等。我们在道德教育中当然要发扬这种"义"的精神，这也是一种民族精神。但是，在生活中我们往往走到另一个极端，即讳言"利"，把"利"视为恶，视为不道德。活生生把"义"和"利"对立起来。在这种观念支配下，形成不讲效益、不讲成本、不讲价值、不讲利润、不讲实际效果的状况。其结果，"义"也被架空了，成为空虚不实的东西。这种观念显然不能适应市场经济发展的要求。市场经济要求生产经营者以最少的劳动耗费或最少的资本投入获取最大的利润，求"利"成为基本原则。这个原则对于争取最佳的资源配置效果、尽可能提高劳动效率是必需的。因此，我们在道德教育中，要防止在批评"唯利是图"的时候，导致不讲"利"；防止在批评"一切向钱看"的时候，导致不讲"钱"。要知道，在当今时代，只讲"义"而不讲"利"，少数人可能做到，多数人做不到；短时间可能做到，长时间难以坚持。今天，在新的历史条件下，我们的道德教育应该走出"义善利恶"的认识误区，确立义利统一的新观念。

（三）对传统善恶观的再认识

在历史上，一种把个人与集体、个人与社会的关系对立起来的绝对化观念，影响了很多人。有些人本人为讲要求、讲个人利益就是"私"，而是不能容忍的，一切为"公"才是道德的、高尚的。这种善恶观和思维定式，会使使得个人缺乏创造精神，缺乏责任感和真正的主人翁精神。

在市场经济的机制下，社会成员个人作用"疲乏"的现象得到了强制性的克服，每一个人似乎在无形的手的指挥下，为社会提供服务，并实现个人的利益。这样，人的能动性和社会的生机活力被激活了。虽然个人利益需要得到尊重，但"大公无私""公而忘私"的精神境界也应该宣传和提倡，"无私奉献""一心为公"的榜样需要树立和发扬，但对多数人来讲，这种境界难以完全做到，这种榜样的力量也是有限的，尤其是在劳动仍然是一种谋生手段的阶段。我们必须走出传统的善恶观的误区，在倡导奉献精神的同时，确立承认个人利益的观念，倡导大公无私、公而忘私，力求先公后私，公私兼顾，个人与社会一致的观念。

三、解放思想：改进传统道德教育模式

灌输教育是道德教育的基本方法。在大学生道德教育中运用灌输的教育方式既是理论的需要，也是实践的需要。在社会各阶层甚至最先进的工人阶级中也不能自发地产生科学社会主义思想，而要靠学习、教育、实践。因此，灌输对于一切道德教育的对象都是必要的。但是，长期以来，由于

单纯强调发挥人的主观能动性，道德教育中比较多的是采用灌输式的方法，也就形成了较为单一的理论灌输的教育模式。新的形势下，如何从单向的封闭式的灌输到双向的开放式的互动，增强灌输教育的实效性，是大学生道德教育中必须研究的一个重要问题。

（一）走出灌输教育的误区

在传统的道德中存在着一种重灌输轻启发的倾向，重教有余，重学不足，灌输有余，启发不足，采取的是"注入式"方法，是单向教育。教育者自觉或者不自觉地突出自己的角色地位，居高临下，生塞硬灌，进行说教；受教育者只能被动接受，不能主动参与，习惯于"你说我听，你打我通，你压我服"的简单做法。单纯灌输，不能深入受教育者个人的思想实际，不能真正获得来自受教育者的反馈效果。结果只能是教育内容不能人心人脑，教育效果差，导致受教育者在道德教育中参与程度较低，削弱了他们的主体作用，降低了道德教育的实效性。

另一种倾向是认为灌输教育无用。这种观点认为在发展社会主义市场经济的条件下，搞经济、搞业务是务实，道德教育是软任务，可有可无。因此，道德教育无能为力，无所作为。随之而来，怀疑道德教育的作用，削弱道德教育，导致了"一手硬、一手软"的状况出现。这两种错误倾向，我们都必须坚决防止和反对。

灌输教育是指对受教育者进行有目的、有计划、循序渐进的马克思主义理论的宣传教育，全面宣传党的路线方针政策，系统传播先进文化和科学方法，从而根本上提高人们的思想觉悟和认识水平。灌输是教育过程的本质，而不是一种具体做法，更不意味着填鸭式、死记硬背、简单生硬的做法。随着改革开放的不断深化和市场经济的不断发展，人们的自主意识、平等观念日益增强，在思想上、政治上要求有充分的民主权利，在人与人之间的关系上要求平等相待，在人格上要求相互理解和尊重。过去那种居高临下的说教方式再也不为人们所接受。这就要求我们在进行灌输教育时要以尊重人、理解人、关心人为出发点，把教育者和受教育者放在同样的地位上进行平等的沟通交流和互动。只有这样，道德教育的内容才能进入人们的心田，输入人们的脑海，内化为人们的精神力量，产生良好的灌输效果。

（二）注重双向的开放式的互动

在大学生道德教育中，要既注重发挥教育者的主导作用，又注重发挥受教育者的能动作用。灌输教育有一个基本的前提，即道德教育者的思想素养、政策水平、知识水平和对先进意识形态的把握必须明显高于受教育者。然而，由于现代社会信息获取方式的多样化，以及人们对信息获取形式的改变，可能会出现受教育者对知识和信息的把握在量上或者在质上超过教育者，或在时间上领先于教育者的情况。因此，教育者与受教育者之间的关系必须由单向式教育发展为互动式交流，也就是实现从"单向灌输"的说教型教育到"双向交流"的疏导型教育的转变。

当今社会是一个开放的时代，当代大学生民主意识增强，推崇开放，道德教育的开放性、民主化也就成为必然。而单向灌输的方式违反了这样的原则，已经难以发挥道德教育的作用，因为只靠单向灌入、强迫命令会严重地挫伤和压抑受教育者的主动性和积极性，有时还容易导致被教育者的逆反心理，产生某些负效应，不适应大学生自我发展的需求，更难达到道德教育的教育目的。新时期大学生道德教育必须改变单一的灌输教育模式，实现从单向灌输模式向双向互动模式的转变。这样，既丰富了道德教育的内涵，扩大了道德教育的作用，拓展了道德教育的具体渠道和途径，又使道德教育更加科学化、民主化和现代化。我们要把道德教育作为一种平等的双向互动活动和交流过程，在这种情况下，道德教育由少数人的专利和特权成为每个人都可以运用的互助交流方式和手段，由单向的、单一途径的说教，变成双向的、多种途径的互助与共勉，使单方面被动地受教育变成双方面的相互促进和共同提高。

我们要充分发挥道德教育理论课和理论学习的主渠道、主阵地的作用，不断向教职员工和学生灌输马克思主义中国化最新成果和社会主义核心价值体系，组织大学生学习好基本理论、经典著作，掌握其基本内容和精髓。新时代大学生道德教育要与时俱进，勇于开辟道德教育的新途径，不断加强和改进沟通机制；强化学生自我教育意识，激发学生的自我学习、自主教育的内在动力，发挥学生的主体作用；要建设用于开放式的双向互动的网络平台，推行开放式的双向的互动的道德教育模式，巩固大学生道德教育的网络阵地。

当前，还要着重抓好教职员工尤其是青年教师的理论学习，进行以理想信念、社会公德、职业道德、爱国主义教育为重点的道德教育，全面系统地将社会主义先进文化、正确的价值观念和道德观念灌输到青年教师的头脑中，教会他们用正确的思想理论去分析判断和借鉴吸收接触到的一切思想文化，保证正确的思想文化入脑入心，促进他们的道德素养的全面提高。

第四节 中华优秀传统道德文化视角下的大学生道德素养教育

中国五千多年的文明史中，蕴涵着十分丰厚的道德资源。今天，只有继承和弘扬中华民族优良道德传统，才能充分激发整个民族的潜能，为社会主义现代化建设提供精神动力，才能使社会主义道德体系具有鲜明的民族特色，有利于每个中国人道德品质的完善和中华民族整体道德水平的提升。

一、中华民族优秀传统道德文化的主要内容

（一）推仁爱

中国传统伦理思想非常推崇"仁爱"原则，主张"仁者爱人"，强调要"推己及人"，关心他人。孔子从各个方面对"仁"作了阐释。他强调"己所不欲，勿施于人"，"己欲立而立人，己欲达而达人"，即在人和人的相处中，应当设身处地地为对方考虑，凡是自己不愿意别人施加于自己的一切事情，都应当自觉地不施加于别人的头上，以免别人受到伤害；自己希望达成的事情，也要允许和帮助别人能够达成。

（二）讲礼让

中国自古就有"礼仪之邦"的美誉，谦敬礼让是中华民族优良的道德传统。在中国传统道德中，谦敬既是个人自身修养的美德，也是为人处事的道德要求。谦即自谦，虚以处己；敬即敬人，以礼待人。谦敬与礼让是联系在一起的，《孟子·告子上》有云："恭敬之心，礼也"。中国传统道德认为，礼是人与其他动物相区别的标志，《礼记·冠义》曰："凡人之所以为人者，礼义也"。同时，礼也是人的立身之本和区分人格高低的标准，孔子在《论语·季氏》中道："不学礼，无以立"。

（三）忧天下

中华民族历来有一种注重整体利益、国家利益和民族利益，强调对社会、民族、国家的责任意识和奉献精神。两千多年前的《诗经》已经提出"夙夜在公"的道德要求。西汉初年，贾谊也提出了"国而忘家，公而忘私"。另有宋代范仲淹的"先天下之忧而忧，后天下之乐而乐"；民族英雄林则徐的"苟利国家生死以，岂因祸福避趋之"等，这些高尚境界都显

示了强烈的为整体、为国家、为民族利益而献身的精神。

（四）守诚信

古今圣贤都把诚实守信视为立政之本、立人之本、进德修业之本。在中国古人看来，诚是指一种真实无妄、表里如一的品格，也是道德的根本。所谓"养心莫善于诚"（《荀子·不苟》），信是一种诚实不欺、遵守诺言的品格。中国传统道德认为，诚信的内容和要求是多方面的，但最基本的是以诚为本，取信于人；为人思诚，信以行义。诚信之德，在于言必信、行必果，言行一致，表里如一，恪守信用，信守诺言。例如：《论语·为政》中的"人而无信，不知其可也"；《论语·颜渊》中的"民无信不立"等。

（五）崇境界

中华民族的传统美德有崇尚精神境界，立志高远，以及为实践其志而奋斗不止、坚定不移、自强不息的精神，把道德理想的实现看作是一种高层次的需要。古语有云："富贵不能淫，贫贱不能移，威武不能屈""三军可夺帅也，匹夫不可夺志"，这种"大丈夫"的理想人格和崇高的精神境界，在铸造中华民族精神品格方面起过极为重大深远的影响，集中体现了中华民族独立的人格尊严和崇高的精神境界。

（六）严己身

中华民族历来重视道德修养，重视塑造理想人格，把德性修养作为立身、立国之道。古代先贤还提出了一系列道德修养的方法，强调人要通过各种修养方法，陶冶性情、优化气质、塑造理想人格。提倡由学而进、学思并重、奉行积善成德、注重反省内求和躬行践履，主张行胜于言。此外，古人还特别推崇建立在坚定道德信念之上的修养的自觉性，即"慎独"，非常重视"反求诸己"，修身养性，认为躬行慎独是实现道德修养的手段，是道德修养的基础。

由上可见，中华民族在长达几千年的历史发展中，虽历经无数磨难与困苦，但始终能屹立于世界民族之林，是同中国的传统文化，特别是优良的道德传统的作用分不开的。

二、正确认识与对待中华民族优秀道德传统

建设有中国特色的社会主义离不开精神文明建设，正确对待中国传统文化和传统道德文化，继承和发展中华民族的优良传统，是建设有中国特

色社会主义精神文明的重要内容。时代精神文明的发展，是一个由低级到高级不断发展的过程，但往往优秀的道德文化，一方面在为社会主义精神文明建设提供营养，另一方面也是具有深刻的历史局限性，并呈现了精华与糟粕相互交织的复杂状态，仍需我们做出科学的合理的自觉的选择，因此，我们只有不断加强自身的理论学习，提高自身判断优劣是非的能力，才能不断推动中国特色社会主义的发展和进步。

在改革开放四十多年后的今天，正确对待民族传统文化和传统道德文化、继承和发扬中华民族的优良传统是改革开放顺利进行的必要条件，这就要求我们必立足于本国实际，充分考虑人民群众的心理承受力，因势利导，努力寻找传统和现实的结合点，扬长避短，去粗取精，继承和发扬我国优良传统，才能最大程度上提高对外来文化的消化吸收，否则就会无原则地，失去理性地否认"自我"，陷入迷茫之中，最终背离社会主义大方向。因此，我们必须站在现代化和民族化相统一的高度，正确对待传统文化和传统道德文化。

文化与道德的传承是一个文化自身客观延续性和人的主观选择性相统一的辩证过程，客观延续性决定了对传统文化的继承，而人的主观选择则反映了对传统文化的态度。批判与继承是互为条件不可分割的两个方面，没有批判地继承是传统保守主义的现实表现，而否认继承的批判则是民族虚无主义的做法，两者均违背了人类文化传承的客观规律是形而上学的典型观点，它否认了继续与批判之间的和互转化性，违背了中国传统文化发展的客观规律。

继承的批判，包括对事物的分析、鉴别、取舍和改造四个方面，缺少任何一个方面，继承的批判和批判的继承就有可能背离正确的轨道，不能真正意义上实现事物发展的延续性。中国传统文化源远流长，主要表现在道德上以"三纲五常"为核心的封建宗法等级道德体系，这显然是一个不能适应社会发展需要的。过了时的、腐朽的、愚昧的传统思想，是应该坚决剔除掉。但作为封建地主阶级文化的主干——儒家文化而言，也是正统与非正统的矛盾和斗争，在其历史演变的过程中也有着差异性，具有不同的社会作用，因此，我们必须用马克思主义的历史唯物主义原则，进行具体的历史地分析、鉴别、取舍和改造。

分析是揭示事物的特点、弄清事物本来面貌的一种基本的认识方法。它是鉴别取舍、改造的基础，由于中国传统文化和传统道德文化具有历史性，因此，并不都是优点和缺点，精华或糟粕，鉴别是一种做出事实判断的重要认识方法，而这种鉴别必须基于以下几个方面完成：首先，必须正确地认清评价主体，对事物主体的评价应站在建设有中国特色社会主义的思想高度，从社会的整体利益出发，而不应该为一己私利，损害社会公德；其次，正确的标准应该是从中国社会发展的本身客观需要出发，看其在历史发展的过程中是否能够促进社会的进步发展，并且是否能够推动当代社会主义建设。只有这样，才能科学地区分优与劣，好与坏，进行正确的选择与取舍，去粗存精，正本清源，为我国社会主义建设注入新的，正确的道德理念，推动传统道德文化的发展与延续。但是精华的汲取，并不意味着可以全盘照搬，直接沿用，即使是传统文化中精华的部分也应根据时代要求进行客观地改造与创新，这也就是毛泽东讲的"要不能生吞活剥地毫无批判地吸取"。

总之，中国传统文化和传统道德文化中良莠杂陈，贯彻马克思主义的批判继承方针，才能使中华民族的优良传统得以继承和发展。

三、中华民族传统道德文化对大学生素养教育的借鉴

我国古代主要有以下道德修养的方法可供借鉴：

（一）立志乐道

立志，是指一个人要有坚定的志向和远大的理想。乐道，是指一个人要有坚定的信仰和崇高的情操。孔子说："三军可夺帅也，匹夫不可夺其志也。"说明了立志的重要性。

（二）克己内省

克己，指一个人要有理智，即理性修养，并能在理智或理性修养的指导下克制自己，使其思想言行符合道德要求。内省，是指一个人能经常进行自我反省和检查，不断发现自己的缺点与不足。

孔子说："克己复礼为仁"，"非礼勿视，非礼勿听，非礼勿言，非礼勿动"。克制自己，使自己的视、听、言、行都自觉地做到符合道德规范，这就是具有仁德修养的表现。孔子的学生曾参说："吾日三省吾身，为人谋而不忠乎?与朋友交往不信乎?传不习乎?"强调自己每天都要对自己的思想进行反省检查，以求在道德上不断进步。

（三）改过迁善

改过，是指如何正确对待自己的缺点与错误。迁善，是指如何对待别人的优点。孔子说："过而不改，是谓过矣""改之为贵"，还说"三人

行，必有吾师也，择其善者而从之，其不善者而改之。"

（四）意志磨砺

意志磨砺是指后天的环境对促进人的道德修养和聪明才智的形成所起的重要作用。孟子说："故天将降大任于斯人也，必先苦其心志。劳其筋骨，饿其体肤，空乏其身，行拂乱其所为，所以动心忍性，增益其所不能。"

（五）笃实躬行

笃实躬行是指对道德观念、道德规范具有忠诚老实的态度和躬行践履的行动。第一，慎于言，敏于行。强调慎言敏行，少说多做。第二，言必信，行必果。这是更高层次的要求，是讲人须做到言而有信，表里如一。

第四章 中华优秀传统文化与大学生思想政治理论素养

文化是一个国家和民族的灵魂。中华优秀传统文化的传承发展与中华民族伟大复兴紧密相关，将中华文化融入实现民族复兴的伟大梦想中，融入新时代中国特色社会主义事业的伟大实践中，使中华优秀传统文化在新的历史节点上获得了新的生机与活力。习近平总书记高度重视中华优秀传统文化，深刻揭示了作为民族精神根脉的中华优秀传统文化与中华民族这一历史主体的内在统一性；指出中华优秀传统文化是"最深厚的文化软实力"，把对中华优秀传统文化地位作用的认识提升到新的时代高度。当代大学生要紧跟时代发展潮流，继承和发扬中华传统优秀文化，主动担当起引领文化潮流的角色。

第一节 大学生思想政治理论素养的认识及现状

一、大学生思想政治理论素养认识

已有研究在考查学生或群众等主体的思想政治状况时，常常将"政治素质""思想政治素质""思想政治素养"等概念混用，因此，有必要对其加以区分。

"思想"侧重从认识论角度阐释，包含个体对自我、社会和世界的观点和看法，是世界观、人生观、价值观的总和，范畴相对广泛；"政治"侧重从实践论角度阐释，包含主体对基本的政治问题、社会政治关系以及政治运行和发展规律的看法和态度，与政体和国体密切相关。

我们所说的大学生思想政治理论素养是大学生思想素养和政治素养的有机融合，并强调思想政治理论"内化于心、固化于制、外化于行"的作用，是一套既可定性，也可量化的指标体系，其结构包含价值、理论和实践三重维度。

（一）价值维度：大学生思想政治理论素养的基础维度

大学生思想政治理论素养的价值维度包含世界观、人生观、价值观 3

个方面，是思想政治理论素养的基础，决定思想政治理论素养的水平和方向。其中，世界观包括自然观、历史观、实践观；人生观包括身心关系、自我和他人的关系、自我和社会的关系；价值观包括理想信念、集体意识、道德情操等。根据心理学中经典的罗克奇价值观理论和施瓦茨价值观理论，可将价值维度从不同视角进行分类：一是从状态或行为角度可以分为"终极性价值"和"工具性价值"。二是从利益考量角度可以分为个人主义与集体主义。三是从动机角度可以分为满足个体需要、满足社会需要和维护群体利益三种需求。以上不同要素构成了大学生思想政治理论素养体系的根基，只有具备了科学、健康的价值体系，才能进一步培养马克思主义方法论，在面对政治问题时才能冷静、客观，从而做出正确的政治判断。

（二）理论维度：大学生思想政治理论素养的核心维度

如果说价值维度和实践维度是大学生思想政治理论素养体系的结构维度，那么，理论维度则是大学生思想政治理论素养体系的内容维度，是思想政治理论素养的核心要义。这也是思想政治理论素养区别于一般所述思想政治素质的特别之处，即强调以扎实的马克思主义理论武装大学生的头脑，用习近平新时代中国特色社会主义思想铸魂育人。大学生思想政治理论素养的全面提升应以习近平新时代中国特色社会主义思想为根本遵循，用马克思主义科学的世界观和方法论看待问题、分析问题和解决问题。按照从"入脑"到"入心"的认知规律，全面把握当代中国马克思主义产生的时代背景，深刻理解马克思主义中国化的历史进程，科学认识中国特色社会主义理论体系创新的世界意义，最终达到以发展的眼光、辩证的观点、科学的态度运用马克思主义方法分析当今世界的重大问题。

（三）实践维度：大学生思想政治理论素养的目标维度

大学生思想政治理论素养的实践维度是价值维度和理论维度的最终指向，即以往文献中所指的政治素质，是政治行为主体对其所属阶级的经济政治利益和自身的政治地位、职责、使命的自觉意识，对社会政治问题的认识和参与政治活动的能力的总和。大学生思想政治理论素养的实践集中表现在政治认知、政治情感、政治意志、政治信仰、政治行为等方面。政治认知是指大学生对政治客体即执政党、政治制度、政治规范、政治事件等方面的认识与把握。政治情感是指大学生在政治认知的基础上对政治客体产生的内心体验和感受，如对政治制度和政治事件的好恶、爱憎、亲疏等。政治信仰是大学生对政治客体特别是执政党及其意识形态的信念，是一种积极的政治情感投入，是政治认同的最高境界和理想状态。政治行为是指大学生围绕政治事件的发生、政治权利的实现等内容而展开的活动，可以分为显性行为与隐性行为、直接行为与间接行为、个体行为与团体行为等。政治意志是指大学生在政治信仰的作用下，克服重重困难而对其政治行为进行控制的心理过程。这些要素构成辩证运动、均衡补充、动态发展的体系结构。其中，政治认知是大学生政治素养的基础和起点，政治情感和政治意志是政治信仰的中介环节和内在保障，政治信仰是政治素养的核心和关键，政治行为是政治素养的外在表现和重要目标。

二、大学生思想政治理论素养的现状

（一）价值观的确立仍受到多元化思潮的冲击和影响

在全球化浪潮下，我国社会进入价值观空前多元的时期，各种外来文化与中国传统文化不断交流碰撞，对尚未形成稳定世界观、人生观和价值观的大学生而言，精神层面的冲击不容小觑。更何况，大学生正处于成年前后心理上的"第二自主发展期"，自我意识飞速发展，试图以各种方式寻求"独立"，而接纳、吸收并发展各种"标新立异"的思想观念则成为宣扬独立的便捷途径之一。与此同时，我国改革开放40多年来，经济飞速发展，社会平稳运行，"00后"的大学生在这种环境下长大，虽然物质条件优渥，但也造成部分学生人生目标不清晰。曾开创"意义疗法"的心理学家维克多·弗兰克尔认为，追求意义的意志是人的基本动机，无法找到生命意义的人势必沦入"存在之空虚"。

2016年，时任北京大学心理健康教育与咨询中心副主任徐凯文在一次公开演讲中提出"空心病"的概念，并将其定义为"价值观缺陷所致心理障碍"，一时间引发网络热议。对于"空心病"是不是病的问题暂且不论，这种现象之所以引发众多青年的共鸣，正是因为他们对于人生意义普遍迷茫，对于未来没有方向。一方面，接受各种外来文化和思想的冲击，部分学生的价值观受到冲击；另一方面，人生意义和价值又无处安放，综合起来则形成了近年来流行的某些青年网络亚文化，如"佛系""宅"等，均是以某些舶来语为雏形，加以"虚无感"的建构，成为青年群体尤其是大学生群体借以表达苦闷情绪、消极心态和自我嘲讽的媒介。

（二）理论学习和理论思维的自觉仍需提高

大学生对于马克思主义理论的认同很大程度上取决于对理论的理解和

认识，在理论学习不足的情况下，理论认同也就难免缺乏。这种情况与当代大学生的成长和学习环境有一定关系，其原因主要包括以下两点：

一是"00后"群体是伴随互联网成长起来的一代，他们遇到问题更倾向于自己查资料，但互联网鱼龙混杂，不同社会制度、意识形态、政治观念和思想理论为占领网络阵地进行着复杂、激烈的交锋，除了接受马克思主义理论教育和传播之外，还有西方所谓"普世价值""民粹主义""社会公知"等错误思想观念在影响"理论真空"的大学生。

二是当代大学生在成长过程中受到的父母教育方式更为民主，他们更加自我，对长辈和专家等权威的认同感更低，但传统的思想政治教育往往是通过"权威"传达的，这可能造成大学生思想聚焦不一，从而难以达到理论宣传的效果。

（三）政治参与意识和政治实践仍需紧密结合

近代以来，中国青年伴随社会的变革而成长，对政治参与的态度经历了从政治热情到政治狂热再到政治冷漠，最终逐步转向政治理性的过程。如今，对于在"强起来"阶段成长起来的当代大学生而言，爱国情怀日益浓厚，对党和政府的信心更强，更愿意关心并参与政治。但是，由于成长环境较为平顺，当代青年没有经历剧烈的社会变革，缺乏真正将"参与政治"付诸行动的能力。因此，当代大学生一方面表现出较为强烈的参政议政意愿，敢于公开发表自己对政治的看法和观点，敢于争取和维护自己正当的权利；另一方面，由于尚未完成社会化过程，他们直接参与社会活动的机会较少，理论和实践容易脱节，对政治的认知和判断容易失之偏颇。

第二节　中华优秀传统文化对大学生思想政治理论

素养教育的影响

我们的祖先以他们过人的聪明智慧、丰富的情感体验和生活阅历创造了优秀的精神文化，这是一笔用之不尽、取之不竭的宝贵财富。当前我国社会发展正处在文化发展节点上。我们应该清醒地认识到，外来思想文化特别是西方一些腐朽的思想文化对我国传统思想文化形成了前所未有的冲击。文化自信，是更基础、更广泛、更深厚的自信。作为一个文化大国，我们要坚定文化自信。在 5000 多年文明发展中孕育的中华优秀传统文化，在党和人民伟大斗争中孕育的革命文化和社会主义先进文化，积淀着中华民族最深层的精神追求，代表着中华民族独特的精神标识。

一、中华优秀传统文化与思想政治素养教育

（一）中国古代思想教育的渊源

春秋战国时期出现了诸子百家的争鸣局面，各家各派提出了自己的政治主张，也形成了不同的思想政治素养教育学说，从不同侧面丰富了古代思想教育与引导的理论。儒家提出了以"君子"和"圣人"为理想人格的教育目标，墨家提出了以"强者"为理想人格的教育目标，道家提出了以"真人"为理想人格的教育目标，法家提出了以"能法之士"为理想人格的教育目标。在思想政治素养教育内容选择上，以刚健有为的入世精神为主要特征的儒家思想被统治者接受，自汉代董仲舒提出"独尊儒术，罢黜百家"，到宋元以朱熹为代表的理学兴起，儒家的思想成为中国古代思想教育与引导的主流思想。其中影响最大的是孔子、孟子和朱熹的教育思想。

孔子总结了夏商周三代以来统治的经验教训，提出"为政以德"的治理社会的主张，将思想道德教育看作治国的三大要素之一。他认为治国安民必须有三个条件："庶、富、教"。即人口众多、经济富裕、教育发达。他还进一步论证了教育的作用。《论语》中记载，有一次子贡问政，孔子说："足食，足兵，民信之矣。"子贡说："必不得已而去，于斯三者何先？"孔子说："去兵。"子贡又问："必不得已而去，于斯二者何先？"孔子说："去食。自古皆有死，民无信不立。"可见，他认为在"足食""足兵"和"民信"三者之中，最重要的是"民信"。要使"民信"，单靠政令刑罚不行，最有效的办法是思想政治素养教育，即"德治"。孔子认为，思想政治素养教育的核心内容是"仁"，仁的含义，是说爱人。《论语·颜渊》载樊迟问仁，孔子的回答是"爱人"。《论语·雍也》载子贡问仁，孔子的回答是："夫仁者，己欲立而立人，己欲达而达人。"自己想要有所成就，也要使别人有成就；自己想要达到，也要使别人达到。《论语·卫灵公》又载子贡问仁，孔子的回答是："己所不欲，勿施于人。"自己所不喜欢的，就不强加给人。"己欲立而立人，己欲达而达人"，是从正面说为别人着想，"己所不欲，勿施于人"，是从反面说为别人着想。仁的教育也就是爱的教育。其次，仁

爱的教育还包含着敬人。对人如果只爱不敬，那么这种爱就不值得宝贵。故孔子倡导的爱，是爱而敬，敬而爱。《论语·颜渊》载仲弓问仁，孔子的回答是："出门如见大宾，使民如承大祭。己所不欲，勿施于人。""出门如见大宾"是敬，"使民如承大祭"亦是敬。对人如不能敬，那是谈不上仁爱的。再次，仁爱是有原则的。《里仁》说："唯仁者能好人，能恶人。"只有仁者才能好善去恶，唯善善才能恶恶，唯恶恶才能善善，善善与恶恶是一个问题的两个方面，互为前提，互为因果。孔子还认为"义"是思想政治素养教育的重要内容，认为"君子喻于义"，"义"的核心思想就是适宜，先理解"义"的含义，以"义"为行动的指南。

孟子认为统治者欲得天下，必须先得民心，欲得民心，要进行教育，通过教育把人天生所具有的善良品性发扬光大。孟子极重视教育。《孟子·尽心上》说："仁言不如仁声之入人深也．善政不如善教之得民也。善政，民畏之，善教，民爱之。善政得民财，善教得民心。"所谓仁言，指仁厚之言，仁声，指有仁者声誉而为百姓所称道。以其仁德昭著，所以感人尤深。善政，指法度禁令，善教，指以仁义道德教民，法度禁令只能禁其外，而仁义道德则能服其心，故善政不如善教之得民，善政与善教相比，善教优于善政。孟子的教，主要是指教以人伦大道。即"君臣、父子、夫妇、兄弟、朋友的"五伦"，而"五伦"的核心是父子、兄弟关系，即孝悌，要把在家族中养成的对父兄的服从，扩大到对君主的服从，把家庭中养成的感情扩大到整个社会和政治上，从而培养出忠于国君，孝顺父母，听从兄长，友爱兄弟，热爱普天下同胞的最高尚、最纯粹的人。孟子认为，教以人伦大道，这是夏商周以来学校教育的共同点。孟子在重视教的同时，也重视社会经济生活之上，他清楚地知道，如果不首先解决人民百姓的生计，所谓教也就没有基础。《孟子·梁惠王上》说："五亩之宅，树之以桑，五十者可以衣帛矣；鸡豚狗彘之畜，无失其时，七十者可以食肉矣；百亩之田，勿夺其时，数口之家可以无饥矣；谨庠序之教，申之以孝悌之养，颁白者不负戴于道路矣。七十者衣帛食肉，黎民不饥不寒，然而不王者，未之有也。"

朱熹进一步丰富了儒家的思想政治素养教育，认为"先王之学以明人伦为本"，就是教育要以"明人伦"为本，修习"正心、诚意"，修身、齐家、治国、平天下，培养人们伦理纲常的思想观念，立己治人。他把这些教育思想渗透到他编写的《诗集传》《四书章句集注》《小学》《近思录》《训蒙诗》《童蒙须知》等书中，他编写的这些书都成为当时社会的正统教科书。在宋元明清思想教育史上，朱熹的思想政治素养教育理论一直成为统治阶级的正统思想。明成祖时《性理大全》和清康熙时《御纂性理精义》都把朱熹思想法律化，奉为经典，而且朱熹的《四书集注》成为八股科举考试的主要教科书，对后代的思想政治素养教育起到了很大的作用。

（二）古代思想教育的手段和措施

中国古代历代统治者不但注重借鉴吸纳一些思想家、教育家关于治理国家的思想理念对全民进行思想政治素养教育，而且采取多种手段和措施来实施思想政治素养教育。

1. 祭祀封赠

各代皇帝通过祭天、祭地、祈雨等活动，显示皇权神授的合理、合法与神秘性，从而维护其统治地位。汉之后还利用佛教因果报应、道教得道升天等思想来麻痹人民，使人民寄希望于来世，安于现状、安于被统治。历代统治者还通过祭祀封赠活动，在社会中确立主导思想和学习的榜样，其中最主要的是祭孔，孔庙遍及全国。各个朝代通过封赠孔子、孟子、朱熹等儒学人物，提倡儒家思想，用儒家的伦理道德教化人们。通过祭祀关羽，各地设立关帝庙，表彰其"忠义"精神。对那些最能体现封建道德精神的忠臣孝子等，或者设立专祠、节孝祠，或者立牌坊，褒扬旌表，供人们学习仿效。

2. 学校教育

学校教育是我国古代思想教育与引导的主要途径。中国古代思想教育与引导不仅在官办学校中得到发展，且宋元以后，由于各地村学、乡学、义学和私塾的大量出现，呈现出蒙学兴盛和发达的局面。蒙学又称蒙养之学，取启蒙养正之义，主要是培养儿童立身处世的思想政治品德和基本知识，实质上是以灌输封建伦理道德为基本内容的思想政治素养教育。宋代以后的蒙养教材比起前代的《急就篇》《千字文》《开蒙训要》等书数量多、质量高，而且内容的教化特性非常明显，集中围绕青少年修身养性、立德扬名、孝悌忠信等儒家思想道德的教育来编写。如《三字经》开头由教育的重要性说到三纲五常的伦理道德。如《性理字训》把读书识字和理学教育结合起来，可以说是朱熹学说"韵编"。在一些历史掌故和专讲名物的蒙学书中，也都贯穿着纲常伦理。

3．社会教化

我国古代思想教育与引导十分重视社会教化的作用，从《周礼》论列教化百姓的十二条，可以看到古代社会不仅重视社会教化，而且社会教化有着丰富的内容和明确的目标。我国古代中央政府都设有礼部，地方设立"三老"，都是专门负责教化的官方机构和官员。据史书记载，各朝代礼部所制礼乐都十分浩繁，各级统治者发布了大量的箴规、诰诫、圣谕等以教化民众，此外，历代统治者还规定，各级官吏都要"以教化为大任"，所以，一些官员利用巡视之机对民众进行教化，教化方式多种多样，丰富多彩。

4．乡约宗规

在我国古代思想教育与引导中，宗族的自我教育和约束作用也得到了发挥，一些宗规和乡约体现了当时统治阶级的社会伦理道德要求。乡约是寓思想政治素养教育于乡里组织，对乡民进行约束。明代王守仁的《南赣乡约》写道："孝父母，敬兄长，教训子孙，和顺乡里，死丧相助，患难相恤，善相劝勉，恶相告诫，息讼罢争，讲信修睦，成为良善之民，共成仁厚之俗。"宗规是以宗族为范围的教育，利用宗祠、宗会进行伦理、纲常教育。此外，一些家族建立的家规、家训内容也十分丰富，如《颜氏家训》《朱子家训》等，也起到了很好的思想政治素养教育作用。

5．民间文艺

我国古代思想教育与引导还借助评书、戏剧、小说、民歌等古代民间传播比较普遍广泛的文艺形式，来进行宣传教育。从唐代佛教的变文发展到宋元的"宝卷""说话"、讲史，用评书的形式宣扬忠孝及佛道思想，如宣扬蔡伯喈忠孝行为的《赵贞女与蔡二郎》《二十四孝图》，宣扬忠义的《关大王单刀会》等。宋元的话本以及明代出现的以劝世行善、遵守纲常的说教小说，如冯梦龙的三言（《警世通言》《喻世明言》《醒世恒言》）和凌蒙初的二拍（《初刻拍案惊奇》《二刻拍案惊奇》）都在全民的思想政治素养教育方面起到了很大的作用。

（三）中国古代思想教育与引导的主要方法

中国古代思想教育与引导方法大致由教育者施教方法、受教育者自教方法和环境陶冶方法三类所构成。

1．教育者施教方法

所谓教育者施教方法，就是教育者对受教育者实施思想政治素养教育的方法。中国古代思想家非常重视思想政治素养教育，不仅将之视为道德修养的首要途径，而且将之视为维护社会稳定与人际和谐的重要手段，还将之视为治理国家的重要方略。正是基于对思想政治素养教育重要性的深刻认识，他们大多致力于思想政治素养教育实践，并在实践中总结出了因材施教、身教示范、教学相长、平等育人、循序渐进、启示引导等教育者施教方法。

（1）因材施教。所谓因材施教，就是教育者应承认和尊重受教育者的性格、才能、志趣和特长等个体差异，并以之为依据，有针对性地注入特定的教育内容，灵活地采取相应的教育方法。例如，孔子施教非常注重"各因其材"。《论语·先进》篇记载这样一件事，子路问孔子，"闻斯行诸"，即听了就去实行吗？孔子回答说："有父兄在，如之何其闻斯行之？"即父兄还活着，怎么可以听了就去实行呢？冉求亦问："闻斯行诸？"孔子的回答是："闻斯行之。"即听了就应该去实行。弟子公曲华疑惑了，问道："由也问'闻斯行诸'，子曰：'有父兄在'，求也问'闻斯行诸'，子曰'闻斯行之'，赤也惑，敢问。"即仲由和冉求问同而夫子答异，我实在不理解，冒昧问个明白。孔子回答说："求也退，故进之；由也兼人，故退之。"即冉求临事常常退缩，所以鼓励他听了就去实行，而仲由争强好胜，因此要让他谦退，孔子所以问同而答异，也是从子路和冉求两个人的不同材质出发的。孔子所以同问而答异，是从弟子的不同气质出发的。因材施教的前提当然是老师对学生的知识结构、气质特征、家庭背景、社会经历各个方面的了解。

此后，宋明理学家张载的"时可雨而雨"，程颢、程颐的"君子教人，或引之，或拒之，或各因所亏者而成之而已"，现在所说的"对症下药""一把钥匙开一把锁""具体问题具体分析"等，贯彻于思想政治素养教育领域，也就是因材施教。

（2）身教示范法。所谓身教示范，就是主张教育者以身作则、率先垂范，通过身教来体现教育要求，以自己的实际行动给受教育者以良好示范。注重身教示范是中国传统思想政治素养教育方法的一大特色。孔子认为，身教比言教更为重要，提出了正人先正己的主张。《论语·颜渊》篇说："政者，正也，子帅以正，孰敢不正？"即政治就是端正人们的行为。统治者自己端正了，在下之人谁还敢不正呢？正己可从两个方面来入手，一是向品德高尚的人学习，二是不断地反省自己。《里仁》篇说，"见贤而思齐焉，见不贤而内自省也。"看到品德高尚的人就要向他看齐，学习他的好品德。

看到品德低下的人就要反省自己，看自己有没有与他相同的缺点。孔子可以说是正己的榜样。"毋意，毋必，毋固，毋我"不凭空臆测，不绝对肯定，不固执己见，不任意武断。《颜渊》篇载颜子称赞孔子说："仰之弥高，钻之弥坚，瞻之在前，忽焉在后。"仰之不可及，钻之不可入，看他在前，却忽然在后，不可为象。正是因为孔子严于正己，品德高尚，才被后世称为万世师表。思想教育不同于一般的知识教育。它不仅要求教育者有深邃的思想，还要有高尚的人格榜样，孔子做到了这一点，不愧是万世师表。孟子、荀子明确提出了"教者必以正""师以身为正仪"等命题，极力强调教书育人、为人师表、身教示范的极端必要性。

（3）教学相长法。所谓教学相长，就是主张通过建立一种平等式的师生关系，使教育者和受教育者在相互尊重、取长补短的基础上，能够相互促进、共同进步。这一方法是以全面认识教育者和受教育者之间的相互关系以及他们在思想政治素养教育过程中的地位为思想基础的。孔子非常重视"教学相长"，鼓励学生"当仁不让于师"。孔子认为"三人行，必有我师焉"。《礼记·学记》中第一次明确提出"教学相长"的概念，正确地揭示了二者之间的相互依存、相互促进的辩证统一关系，科学论证了"教学相长"的必要性。后世思想家从王通的"人能弘道，焉知来者之不如昔也""当仁不让于师，况无师乎"，到韩愈的"道之所存，师之所存也""弟子不必不如师，师不必贤于弟子，闻道有先后，术业有专攻，如是而已"等，都旨在倡导教学相长。

（4）平等育人法。所谓平等育人，就是主张所有的人都享有平等的受教育权，教育者应对所有的受教育者一视同仁。孔子首倡"有教无类"，所谓"类"，是指种类、类别；"无类"，就是不分类、没有类的差别；"有教无类"，就是主张教育者应当不分富贵贫贱、天资智愚、地位尊卑、地域远近、民族差别、善恶不同等等的区别与限制，以平等的态度对待一切受教育者。可见，"有教无类"思想的精神实质就是主张平等育人。孔子的"有教无类"思想扩大了教育对象，反映了教育发展的进步潮流。孟子的"人皆可以为尧舜"，荀子的"涂之人可以为禹"思想，孔子的"有教无类"思想的精神实质是一致的，都旨在倡导平等育人。后世思想家如程颢、程颐的"人皆可以至圣人"、龚自珍的"不拘一格降人才"等，都和孔、孟、荀的平等育人法是一脉相承的。

（5）循序渐进法。所谓循序渐进，就是主张思想政治素养教育应根据受教育者的思想道德认识水平和接受能力，由浅入深、由少到多地逐步进行。人的思想道德认识的形成、发展和转化是一个由量变到质变的过程，故而循序渐进的施教方法是符合人的思想道德认识的形成、发展、转化规律以及思想道德教育规律的。孔子认识到思想政治素养教育只有逐步向纵深发展、循序渐进，才能诱发学生的学习积极性，取得良好的教育效果。"无欲速，无见小利；欲速则不达，见小利则大事不成。"在思想政治素养教育实践中，孔子非常注重循序渐进地启发诱导学生。《论语·子罕》记载了颜渊赞美孔子的话："夫子循循然善诱人，博我以文，约我以礼。欲罢不能，既竭吾才，如有所立卓尔，虽欲从之，未南也已！"即夫子善于引导我们学习，既用广博的知识教导我，又用礼来约束我，使我想停下来都不可能，我尽才智去学，好像有所成就，但要追随他却不容易。颜渊这里说的，就是孔子教人，先以博文，后以约礼，循循善诱引导学生渐入圣域。孟子的"其进锐者，其退速"、《礼记·学记》中的"不陵节而施"、老子的"合抱之木，生于毫末；九层之台，起于垒土；千里之行，始于足下"等思想，都旨在强调思想政治素养教育必须循序渐进。

（6）启示引导法。所谓启示引导，就是主张教育者施教应根据受教育者的兴趣、爱好、需求和思想政治素养教育规律等，对他们实施有效的启发，引领他们培养良好的品德。孔子在长期的思想政治素养教育实践中认识到，思想政治素养教育要获取成功，就必须调动受教育者的学习兴趣，发挥他们的主体作用，启发他们主动思考，为了启发学生自觉主动地思考，孔子提出了"愤启悱发"的著名论断。他说："不愤不启，不悱不发，举一隅，不以三隅反，则不复也。"其意是说，如果一个人不发愤求知，我是不会开导他的；如果一个人不是到了自己努力钻研而百思不得其解、深感困惑时，我是不会启发他的。显而易见，"愤启悱发"论断的实质是倡导启示引导。后世思想家尤其是宋明理学家高度重视启示引导法。张载的"学则须疑""举一隅必数隅反"，朱熹的"指引者，师之功也"等，也都在倡导启示引导法。

2. 受教育者自教方法

所谓自我教育，是指教育者要尊重教育对象的内在本性，重视其内在需要，激发其内在思悟，发挥其内在潜能，通过"内化"以实现其内在的自律。外在的社会道德规范只有通过人们的自我教育，内化为自律要求，才能真正发挥作用。思想政治素养教育只有注重受教育者的自我教育，方能达到预期的效果。正是基于对自我教育重要性的深刻领悟，中国古代思想家从不同的角度对自我教育进行了阐发和强调，如孔子倡导"修己以安人……修己以安百姓",孟子主张"修身以俟之,所以立命也",荀子专门著有《修身》篇,并肯定"以修身自强,则名配尧、禹",《礼记·中庸》中强调"君子不可以不修身""知所以修身,则知所以治人"。所谓的"修己""修身",就是自我教育。中国古代思想家不仅深刻理解自我教育的重大意义,而且积极探求自我教育的有效途径,形成了倡导知荣明耻、倡导自我反省、倡导克己慎独、倡导忠恕一贯、倡导改过迁善、倡导益志养气等受教育者自教方法。

(1)知荣明耻。知荣明耻,自古以来就是一个重要的道德问题。知荣明耻,是人们基于一定的是非观、善恶观、荣辱观而产生的一种自觉的求荣免辱之心,是人们珍惜、维护自身尊严而产生的一种情感意识,是人的基本德行、基本人格。只有知荣明耻,人们才会有自我道德意识的觉醒,也才能严格要求自我、加强自我教育。因此,知荣明耻是人们加强自我教育的必要前提。从孔子的"行己有耻"、孟子的"人不可以无耻"、荀子的"耻不修"、法家的"礼、义、廉、耻,国之四维",到欧阳修的"廉耻,士君子之大节"、朱熹的"人有耻,则能有所不为"、龚自珍的"耻者,治教之大端"等,表明知荣明耻教育相伴中华民族发展过程之始终,知荣明耻意识在中国世代相传。

(2)自我反省。所谓自我反省,就是主张通过人们的自我认识、自我批评、自我教育,使提升思想道德境界成为人们的内在自我要求。从先秦思想家孔子"君子求诸己,小人求诸人""见贤思齐焉,见不贤而内自省也",曾参的"三省吾身",孟子的"反求诸己",到宋明理学家张载的"以责人之心责己则尽道"、王守仁的"省察是有事时存养,存养是无事时省察"等思想,都旨在倡导自我反省。

(3)克己慎独。所谓"克己",就是严格要求自己,约束和克制自己的言行,使之合乎社会规范的要求。所谓"慎独",是指人们在一个人独处、无人监督时,也能自觉地按照社会规范思考和行动。能否做到"慎独",以及坚持"慎独"所能达到的程度,是衡量人们是否坚持自我修身以及在修身中所取得的成绩大小的重要标尺。相对于"克己"来说,它境界更高、自觉性更强。孔子非常重视"克己",明确提出:"克己复礼为仁"思想。孔子说:"非礼勿视,非礼勿听,非礼勿言,非礼勿动。"也就是说,"克己"就是时时处处以"礼"为根本标准,严格要求自己的言行,其目的是想在动荡不安的社会氛围中,劝导人们从我做起,从善、向善,养成"仁"德,促进个体和社会的和谐。

(4)忠恕一贯。所谓忠恕一贯,就是要求人们始终坚持根据自己的内心体验来推测别人的思想感受，以达到推己及人的目的。它不仅是一种设身处地为他人着想的同情心，而且是一种"反求诸己"的方法途径，体现了严于律己的精神。孔子曾说："吾道一以贯之。""一贯之道"就是"忠恕"之道。所谓"忠"即"己欲立而立人，己欲达而达人"；所谓"恕"即"己所不欲，勿施于人"。忠恕一贯法的基本精神是"将心比心，推己及人"，体现了对人生意义的关怀和人生价值的肯定，具有强烈的人文主义精神。

（5）改过迁善。所谓改过迁善，是指一个人要不断改正自己的过错、过失，不断完善自己的品德。"人非圣贤，孰能无过""金无足赤，人无完人"，每个人都是在不断同自身缺点做斗争、不断改正自身过失的过程中趋于完善的。因此，改过迁善是人们加强自我教育、实现自我完善的必要手段和有效途径。中国古代思想家极力强调人们要改过迁善，如孔子要求人们"过则勿惮改"，孟子要求人们"过则改之"，墨子要求人们"见善必迁"。

（6）益志养气。道德意志包括志向和意志两方面的内容。志向是人生观、价值观的核心，是人们进行道德修养的精神统帅；意志是人们不断攀登道德高峰、不断提升道德境界的精神动力，是人们进行道德修养的精神支柱。从先秦时期孔子的"三军可夺帅也，匹夫不可夺志也""死守善道""杀身成仁"，孟子的"善养吾浩然之气""舍生取义"，荀子的"无冥冥之志者，无昭昭之明"，到三国时期诸葛亮的"志当存高远"，到宋代思想家林逋的"志不确则无以立功"，苏轼的"古之立大事者，不惟有超世之才，亦必有坚忍不拔之志"，直至清代思想家颜元的"志不真则心不热"，石成金的"有志不在年高，无志空长百岁"，康有为的"立志为学者第一事，志不立则天下无可为者"等，说明中华民族自古以来一直都很重视道德意志的作用，一贯重视益志养气的自我教育方法。

3. 环境陶冶方法

所谓环境陶冶，就是主张外界环境对人的品格形成起着潜移默化的冶铸作用。孔子从"性相近也，习相远也"思想出发，强调环境对人的品格形成具有十分重要的影响，高度重视环境陶冶在思想道德教育过程中的作用，注重择处、择友就是其重视环境陶冶的集中体现。他认为"日与善人居，如入芝兰之室，久而不闻其香，即与之化矣；与不善人居，如入鲍鱼之肆，久而不闻其臭，亦与之化矣。丹之所藏者赤，漆之所藏者黑。是以君子必慎其所处者焉。"这就是要人们慎重地对待环境的影响，选择有利于自身发展的居住环境。关于择友，他说："益者三友，损者三友。友直、友谅、友多闻，益矣；友便辟、友善柔、友便佞，损矣"。这些论述，充分肯定了"友"对人的品格形成具有重要影响。毫无疑问，孔子择处、择友的目的，在于创设良好环境，以促进人们养成优良品德。

从孟子的"居移气，养移体"、荀子的"居必择乡，游必就士"到苏轼的"务崇道德而厚风俗……爱惜风俗，如护元气"，再到管同的"俗美则世治且安，俗颓则世危且乱"等，旨在倡导环境陶冶。

（四）中国古代思想教育的主要特征

在五千多年中华文明史上，我国古代思想教育与引导在坚持儒家思想文化为主要内容的基础上，不断吸纳其他文化的有益成分，在形式上不断发展，逐渐形成了自己的特色。

1．重视思想政治素养教育的地位和作用

从国家和社会治理的角度，提出思想政治素养教育是"建国君民"的首要措施，思想政治素养教育是治理国家的重要条件和保证政治清明的重要途径。我国古代重视思想政治素养教育，还表现在学校教育上，作为官府建立的学校，主要目的就是为培养统治阶级所需要的接班人和服务者，"学在官府""官守学业"、政教合一、官师合一。在学生的培养上，孔子要求他们做到"志于道、据于德、依于仁、游于义"，"言而有信"，"君子不器"。孟子认为能够担当"大丈夫"的人，要"富贵不能淫、贫贱不能移、威武不能屈"，要能"舍生取义"。重视德治是中国古代国家治理和社会管理的特色。

2．有丰富的教育内容

在思想政治素养教育内容上，古代各派教育家都曾提出过系统的内容体系，其中以儒家教育思想，经过历代儒家人物的增益，内容最充实、体系最完备、影响最广大。"仁""义""礼""智""信""忠""孝""节""诚""勇"，"圣人""君子""大丈夫""义士"，"齐家、治国、平天下""杀身成仁、舍生取义"等等，思想政治素养教育的内容非常丰富。

3．爱国主义传统悠久

我国古代思想教育与引导在很多时候都是和"忠君"联系在一起的。在封建社会，君和国是统一的，爱国之心不可能摆脱忠君的历史形式，实际上，这种表现在忠君形式下的爱国深情，长期激励着中华民族不屈不挠地斗争和发展。从屈原《离骚》《正气歌》到于右任《望大陆》，爱国主义不朽之作，如日月经天，江河行地。从岳母刺字到梅兰芳蓄须明志等，爱国故事代代相传，激励了一代又一代的中华儿女。

4. 教育方法多样

我国古代思想教育与引导历史悠久，方法经验也非常丰富，主要方法有：自我省察法、见贤思齐法、积极躬行法、改过迁善法、苦难磨砺法，还有启发式、慎独、身教重于言教、以美育德等方法途径。

5. 强调为社会、为民族、为国家的整体主义思想

中国古代思想教育与引导的这种整体思想贯穿始终，从《诗经》中提出"夙夜在公"，从"国而忘家、公而忘私"，从三过家门而不入到周公吐哺，从"先天下之忧而忧，后天下之乐而乐"到"王师北定中原日，家祭无忘告乃翁"，都强烈表现为一种为国家、为民族、为整体的献身精神。强调先人后己，自觉为他人、为社会的这种整体主义思想是中国伦理道德区别于西方伦理道德传统的一个重要的特点和优点。

由于受到时代和历史条件的制约，中国古代思想教育与引导必然带有历史和阶级的局限性。比如在私德和公德方面存在轻公德的倾向，在重视个人的道德修为的同时忽视了社会体制、机制、法制规范体系建设的倾向，在个人道德修为方面存在重视规范轻视人格培养的倾向，以及在教育方式上存在着以灌输式教育为主等不足。

二、中华优秀传统文化中思想政治素养的蕴含

（一）爱国主义精神——以天下为己任

中华优秀传统文化是中华文明的智慧结晶和精华所在，是中华民族的根和魂，是我们在世界文化激荡中站稳脚跟的根基。中华民族传统文化博大精深、源远流长，包含了极其丰富的内容，但又始终有一条主线、一个主题，那就是爱国主义。虽然世界上许多民族都有自己的爱国主义，有的也可能将其作为他们民族精神的重要组成部分，但这并不妨碍爱国主义成为中华民族精神的核心，因为中华民族有着极为光荣的爱国主义传统，她的爱国主义不仅具有自己独特的内涵和品格，而且在中华民族的发展史上发挥了巨大的作用，成为中华民族团结统一、自强不息、继往开来的力量源泉。具体说来主要有以下几个方面。

1. 胸怀祖国，心系天下

从孔子的"老者安之，朋友信之，少者怀之"（《论语·公冶长》），到孟子的"乐以天下，忧以天下"（《孟子·梁惠王下》），再到范仲淹的"先天下

之忧而忧，后天下之乐而乐"(《岳阳楼记》)和顾炎武、梁启超的"天下兴亡，匹夫有责"，都反映了中华民族以天下为己任的伟大思想和精神。这是中华民族传统文化对政治思想教育的深远影响，许多人都能做到关心国家的前途命运和人民的苦乐，自觉地把个人的理想和生活与国家的兴衰联系起来。

2．维护统一，反对分裂

中华民族是一个多民族的统一体，在长期的相互交往中，各民族之间产生了很深的友谊和对彼此文化的认同，维护民族团结和祖国统一成为各族人民共同的心愿和奋斗目标。虽然有些民族之间也发生过战争，但和平才是中国历史发展的主流。中华民族历来重视和谐，以和为贵，但同时又不泯灭个性，强调"和而不同"。

3．舍生取义，挺身而出

这是由孟子提出的，意思是说当一个人面临伸张正义与保全自己的矛盾时，应当做出这样的取舍，即舍生取义，而不是苟且偷生。儒家的这一思想对中华优秀分子影响深远。中华民族是一个多灾多难的民族，历史上多次经历国家或民族生死存亡的考验，但每当遇到这样的紧要关头，都有志士仁人挺身而出，他们以国家利益和人民利益为重，不计个人安危．赴汤蹈火，视死如归，用生命拯救了国家和民族。

总的来说，中华民族精神虽由几个部分组成，但爱国主义是其核心．团结统一、爱好和平、勤劳勇敢、自强不息都与爱国主义紧密相连，甚至可以看作是爱国主义的基本内容和重要表现。

（二）为政意识——关照民生

孔子认为民是第一位的，并且把"爱民"放在为政的首位，提出"古之为政，爱民为大"，从这种观点出发，孔子主张统治者要重民、要惠民、要富民、要教民。孟子提出"民为贵，社稷次之，君为轻"的主张，认为民众是国家的根本，充分肯定了民众在社会中的基础性地位和作用，同时提出要不断满足民众的利益和要求，这也是儒家民本思想在当代的价值之所在。在历史发展的长河中，民本意识作为中国传统文化的重要内容已深入到社会成员的内心中，为社会主义民主建设提供传统文化资源。民本意识使中国的传统文化具有鲜明的人文特征，它所关注的不是物，而是人——"人是什么""怎样做人""做什么样的人"等等一系列问题。党的第十九次全国全代表大会上，习近平总书记在报告中说："让人民过上好日子，是中国共产党团结带领人民进行革命、建设、改革的根本目的。发展民生是赢得民心之基,增进民生福祉是发展的根本目的。"因此,从古至今,关注人的价值,以人为出发点,这是几千年中华文化史的经久不衰的主题,形成了中华文化的民族特色。

(三)进取精神——自强不息

自强不息的进取精神体现出一种奋发有为、不畏艰险的精神,遇到困难与挫折绝不退缩,能够克服它、战胜它。所以说,自强不息的进取精神应该包括了自尊、自信、奋发、坚毅等精神和品格在内。这些都是古人留给我们的财富,这些精神和品格对于一个国家、一个民族由弱到强,走向繁荣昌盛是至关重要的。自强不息的进取精神是前人留给我们的、应该由我们来大加弘扬的传统美德,只有这样,我们民族的复兴、建设现代化强国才有希望可言。

(四)奉献精神——克己奉公、乐于助人

这种精神,我们从中华民族几千年前古人提出的社会理想和人格理想中就可以感受到它的光辉。早在几千年前,中华民族就把"天下为公"的大同世界作为一种社会理想。《礼记·礼运》中讲:"大道之行也,天下为公"。孔子把"博施于民而能济众"作为人格理想,提倡"己欲立而立人,己欲达而达人","君子成人之美","己所不欲,勿施于人","志士仁人,无求生以害仁,有杀身以成仁"等道德规范,他谴责的是"饱食终日,无所用心","群居终日,言不及义"等卑劣的行径。另外,墨子主张"兼相爱,交相利","摩顶放踵以利天下"。孟子提倡"舍生取义","老吾老以及人之老,幼吾幼以及人之幼"。以上这些光辉的思想,都体现出助人为乐、大公无私的精神。具有这种精神、美德的形象也历来是中华民族所推崇和敬仰的。比如,大禹为治理洪水,救民于危难,劳累奔波"九年之间三过其门,闻呱呱之泣而不一省其子",将全部身心投入到为民谋福利的治水事业中去。在新的历史条件下涌现出来的,诸如焦裕禄、雷锋、徐洪刚、吴天祥、萧栋栋等数不胜数的英雄人物,人们歌颂、学习的也正是他们那种为他人、为民众无私无畏的献身精神。

(五)道德追求——和谐共处

"仁"和"礼"的价值结构模式表现出了中华文化对和谐共处的道德追求。在传统文化中,仁爱意识的培育是人格培育的核心。"仁"是儒家思

想的核心，是儒家的要义所在，仁就是爱，而仁者必须有爱人的意识和情怀，"己欲立而立人，己欲达而达人"，"己所不欲，勿施于人"，"仁爱之道"也就是"推己及人"，"将心比心"，平等待人。儒家把"仁"的内核定义为"爱人"，将"仁"解读为人类的一种理想人格，"仁"是儒家最重要的伦理范畴之一，是儒家学说的内在根基。

　　"礼"是规范人的行为的外在的礼仪制度，是为了调节人与人之间的关系，使得人和谐相处，所以《论语》中讲："礼之用，和为贵。"叫人们遵守礼仪制度必须是自觉的，必须是出乎内在的爱人之心的，这才符合"礼"，才符合"仁"的要求。所以孔子说："为仁由己，而由人乎哉？"做到仁爱，靠内在精神的发挥，追求"仁"的自觉的要求，并把这种仁爱之心按照一定的规范实现于日常生活之中，这样社会就会安宁了，"一日克己复礼，天下归仁焉"。

　　当前，中华文化以"仁—礼"为核心的价值结构模式具有现代意义。"仁爱"是中国传统文化中极具人性化的一种精神。"仁"是一种道义上的选择，是社会责任感的化身；"爱"是赠予，是付出。在仁爱意识的推动下，中华民族培育了和平主义的道德理想，集体主义及人与人相互关爱的道德观念，追求人与自然和谐共处、"天下归仁"的道德信念。

第三节　将优秀传统文化融入大学生
思想政治素养培育

　　新时代是中国特色社会主义的新时代，大学生作为新时代思想最活跃的群体之一，思想政治工作要提高有效性、针对性。中华优秀传统文化具有丰富的文化特征和多样的形式表现，深厚的文化积淀具有意义深远的育人功能。将中华优秀传统文化融入高校思想政治教育，为中华优秀传统文化的弘扬提供了沃土，不仅有利于大学生群体树立文化自信，另一方面有利于大学生在接受中华优秀传统文化熏陶的同时，不断提高思想政治素养，使高校切实成为培养德智体美劳全面发展的社会主义建设者和接班人的坚强阵地。中华优秀传统文化与思想政治教育在宏观意识和微观方式上的融合，将实现共赢共通的良好效果，也能为新时代大学生思想政治素养的提升和渗透浸润提供新思路。

一、提升大学生对优秀传统文化的认知水平与践行能力

（一）端正学习态度，培养自主学习能力

思想政治教育对象的主体性是指教育对象不是作为完全被动的客体，而是作为有情感、有思想的活生生的人参与到思想政治教育过程中的。学生是思想政治教育对象，要实现中华优秀传统文化有效融入高校思想政治教育当中，就必须将融入的落脚点回归到学生身上，转变学生被动接受教育的局面。作为有独立意识、独立思想的个人，大学生具有主观能动性，他们不是消极被动接受知识的客体，并且他们在中华优秀传统文化融入高校思想政治教育的过程中发挥着重要作用。因此，通过大学生转变自身学习意识，通过个体养成来提升自己的优秀传统文化涵养是实现二者有效融合的不可或缺的路径之一。

首先，提升学习优秀传统文化的意识。意识是行动的先导，只有良好的学习意识才能达到好的学习效果。要将中华优秀传统文化融入高校思想政治政治教育不是一蹴而就的事业，它是一个长期的工程。融入工作中不可或缺的关键环节就是大学生个体自觉学习意识的培养。第一，学生要端正自己的学习态度，明确自己的学习动机。学生既要明白思想政治教育理论课程的重要性与价值性，要将其作为提升个人道德素质与价值观的培养的重要途径；也要明白中华优秀传统文化所蕴含的重要价值，要在日常的学习生活中要主动积极地学习优秀传统文化知识，广泛涉猎相关内容，提升自己的传统文化素养。教师也要引导学生端正自己的学习态度，培养学生养成良好的学习习惯。在教学过程中，教师要将学生课堂表现纳入平时成绩评分标准中，引导学生积极参与课堂讨论，使其充分融入课堂教学中，自觉接受思想政治教育，接受中华优秀传统文化的熏陶。

第二，学生还要做好总结，学会反思，变被动学习为主动学习，找到适合自己的学习方式。我国古人一贯就十分重视自我教育，提倡克己内省。"吾每日三省吾身""见贤思齐焉，见不贤而内自省也"都体现了古代先贤们"自省""慎独"的学习态度，这些是当代大学生应该学习与坚持的。大学生还要懂得要学习用中华优秀传统文化当中的道德原则指引自己的一言一行。

其次，要找准定位，明确自己的中华优秀传统文化传承的主人公地位。第一，大学生要做到对自我进行正确认知与科学的评价，找到准确的定位。只有对自己形成正确的认知，才能规划好自己的目标；第二，学生还要培

养两个意识：一是要立志成为一名合格的优秀的社会主义接班人，树立为中国特色社会主义事业奋斗终生的崇高理想；二是要明确自己的中华优秀传统文化传承的主人公地位，自觉将中华传统美德作为自己的行为准则与道德规范。

（二）提升对优秀传统文化的践行能力

首先，要提升大学生对中华优秀传统文化的践行能力，就要弘扬、传承与运用好其所蕴含的核心思想理念、传统美德及人文精神，自觉将它们转化为自己的生活智慧与处事原则。在2017年中共中央印发《关于实施中华优秀传统文化传承发展工程的意见》里面提出："中华优秀传统文化的主要内容为：核心思想理念、中华传统美德、中华人文精神。"[①]第一、要善于弘扬好中华优秀传统文化所蕴含的核心思想理念。中华优秀传统文化中所蕴含的讲仁爱、重民本、守诚信、崇正义、尚和合、求大同等思想理念至今仍能够对大学生认识世界与改造世界提供有益启迪。大学生要认真汲取其中所蕴含的思想精髓，将其内化于心外化于行。第二，要弘扬好中华人文精神。中华优秀传统文化是中国人民思想观念、风俗习惯、生活方式、情感样式的集中表达，它有着求同存异、和而不同的处世方法，文以载道、以文化人的教化思想，俭约自守、中和泰和的生活理念等丰富的精神财富。传承发展中华优秀传统文化，就要大力弘扬有利于促进社会和谐、鼓励人们向上向善的思想文化内容，要将优秀传统文化中蕴含的人文精神内化为自己的行动自觉。第三，要践行好中华传统美德。中华民族在长期的生活中，形成了自强不息、敬业乐群、扶正扬善、扶危济困、见义勇为、孝老爱亲等道德理念与规范。中华传统美德在今天的社会发展中起到十分重要的作用，它一直以来都在潜移默化中影响着中华儿女的思维方式与行为方式。孔子一早就提出"仁者爱人""孝悌也者，其为仁之本也""人而无信，不知其可也"。这些传统美德都是大学生立身处世的根本准则，因此大学生要在日常的生活中践行好中华传统美德，将外在的道德要求内化自己的道德品质。

其次，要学生对于优秀传统文化的学习不能只停留在理论层面，还要把握其中深刻的内涵，结合自身实际，将其切实应用到实践当中，做到学以致用。学到的东西，不能停留在书本上，不能只装在脑袋里，而应该落

[①] 中共中央办公厅国务院办公厅. 关于实施中华传统文化传承发展工程的意见[N]. 人民日报. 2017年1月.

实到行动上，做到知行合一、以知促行、以行求知，正所谓知者行知始，行者知其成。因此，大学生要积极参与到课堂实践、校园社团实践以及社会实践当中，在实践中学习中华优秀传统文化知识，深化对其的理性认识，进一步提升对优秀传统文化的运用能力。同时学生在生活中与学习中还要主动去保护和传承优秀传统文化，例如定期学习书法、绘画，阅读古代经典著作等，通过这些方式不仅能够丰富大学生自身的文化素养，还能提升对优秀传统文化的运用能力。

二、优化优秀传统文化融入高校思想政治教育的课程建设

（一）完善思想政治教育课程体系设置

1. 完善思想政治教育理论课程体系

思想政治教育理论课是引导学生树立正确价值观、提升道德修养的主渠道，也是弘扬中华优秀传统文化重要场所。习近平总书记指出，思想政治理论课是落实立德树人根本任务的关键课程。我们要深刻把握思政课的重要意义，深刻理解以习近平同志为核心的党中央对于思政课在党的事业全局中的战略定位，自觉地按照党中央决策部署开好思政课，确保高校正确办学方向，确保落实立德树人根本任务，确保党的千秋伟业后继有人。要将传统文化有效融入思想政治教育理论课的课堂教育当中，发挥好其所蕴含的潜在价值，实现二者的完美融合，必须要完善课程设置。目前，高校思想政治教育理论课主要有《毛泽东思想与中国特色社会主义理论》《马克思主义基本原理》《思想道德修养与法律基础》《中国近代史纲要》及《形式与政策以及当代世界经济和政治》。

2. 完善高校传统文化教育课程思政体系

单纯地通过思想政治教育理论课无法系统地对中华优秀传统文化进行分析和论述，因此二者无法有效融合。各高校可以根据本校实际情况，结合地方历史文化和校情校史，增设针对性强、贴近学生生活的传统文化课程，并将思想政治理论教育融入到课堂教学当中，通过课程思政的方式将优秀传统文化传承和发扬下去。

首先，开设与优秀传统文化相关的必修与选修课程。在课程设置采取选修与必修相结合的方式，通过对优秀传统文化大力推进，将其与初高中的历史文化教育联系起来，做到有效衔接，以此形成一条线的连贯式教育。在学生已掌握的传统文化的基础上，拓宽学生的眼界，使学生更好地了解

本国文化，了解优秀传统文化的思想观念、价值取向等。通过发挥优秀传统文化的课程思政作用，在优秀传统文化的教育过程当中，通过挖掘优秀传统文化当中所蕴含的价值理念、文化精神来培养学生的价值观、道德素质，增强学生的文化自信与民族自豪感。

其次，开展与思想政治教育课程相搭的专题课程与专题讲座。因为高校思想政治教育理论课程所涉及的优秀传统文化内容浅显，较少，在课程当中的分布也是较为零散的。在有限的课时下，思想政治教育课堂中对优秀传统文化的教育往往就显得较为浅显，不利于形成体系。对思想政治教育理论课程，通过开设相应的专题课程或者专题讲座，以此来辅助课堂教育，完善知识体系。

（二）在教材建设、教学过程中引入优秀传统文化内容

高校思想政治教育活动开展的主渠道是课堂教学，在进行思想政治教育的过程当中，最重要的就是教学内容的设置，要将二者有效融合起来，就必须从教材与课堂教学设置上入手。在前文已经提到，将二者融合起来要坚持扬弃与创新的原则，因此将优秀传统文化融入课堂教学当中，不是将其强行植入课本内容，也不是简单的引用古文、引用案例这么简单，而是要立足于当今的时代背景，将其与当今的时代特点相结合，使教学内容既具有民族特色，又具有时代特征。

首先，要推进传统文化进教材。我们传统的教材只是注重围绕思想政治教育来系统的梳理相关知识，思想政治教育理论倒是很充足，但是缺乏相关生动事例的证明，也显得过于枯燥乏味了些。因此，在思想政治教育系列教材当中，适当拓宽中华优秀传统文化的覆盖面，改变以往教材内容单一的情况，形成既能反映传统文化优秀成果，又能以马克思主义为指导的具有中国特色、中国风格的教材。

其次，编写或者引进不同层次的优秀传统文化读物。大学阶段，学生的自主支配时间较多，要增强学生对传统文化知识的了解，提升他们的人文素养，在课外之余倡导与鼓励他们阅读中华优秀传统文化相关读物就显得十分必要。由于高校各学科建设与专业特点的不同，学生之间知识背景与专业背景也存在着差异，学生对传统文化知识的掌握程度有所不同。因此，学校可以组织专家教授根据学生的学习情况，编写或者引进不同层次的优秀传统文化读物。

最后，教师在课堂教学过程当中，要结合教学内容，引用适当的传统

文化内容开展案例教学，积极探索互动式教学模式。目前在课堂教学当中，教师所引用中华传统文化案例大多都是学生耳熟能详的，或者只是简单地将相关案例进行生搬硬套，这样并不能激发学生的学习兴趣。"思政课教师应不断增强教学发展意识，加强教学理论积淀、教学反思和教学学术研究，推动思政课教学朝着"贴近实际、贴近生活、贴近学生"的方向优化。"在教学过程当中，教师要时刻注意学生的主观意愿，对学生学情的进行充分分析，结合实际教学内容，引用生动有趣的优秀传统文化到课堂教育中，开展互动教学。教师也可以按照教学内容，设置相应主题，组织学生以小组为单位准备优秀传统文化案例，进行课堂分享与讨论。

（三）创新融合方法，开展校内外实践活动

作为课堂教学的延续与补充，实践活动是学生学习的第二课堂。实践活动分为校园实践活动与社会实践活动，通过实践活动的开展，可以锻炼学生理论联系实际的能力，它既是高校思想政治教育的重要环节，也是大学生进行自我教育的重要形式。同时传承与弘扬中华优秀传统文化必须要坚持"从实践中来，到实践中去"的原则，使青年在实践中领悟中华优秀传统文化的精深内涵。因此，对于高校思想政治教育来说，要坚持寓教于行的教育理念，做到理论与实践的统一，既要通过课堂教育教授学生掌握丰富的文化知识，也要开展相应的实践活动，"活化"中国优秀传统文化知识，使学生深刻理解所学内容，在潜移默化中达到教育的效果。

实践活动有不同形式，但是必须要坚持从学生的实际出发。

首先，在思想政治教育课堂当中，教师要按照课时比例，设置一定的实践活动课时。按照教学内容，设定相应主题，有计划的引导学生参加实践调研活动，并进行分享汇报。这里的活动主题种类多样，如参观红色基地、分享优秀传统文化故事、经典著作分享会等。教师可以组织开展课前十分钟的时政热点分享。学生课后自主筛选时政热点新闻进行学习与分析，在课堂中与同学分享、探讨，各抒己见，教师做好总结，以此拓展学生的思维，使他们能够关心、了解时事政治，同时做好中华优秀传统文化的弘扬工作。如教师可以利用"学习强国"学习平台，在每周的理论课时中，利用 8～10 分钟的时间来开展学习强国的学习分享活动。"学习强国"平台是一个宝藏学习软件，它的信息种类繁多，涉及面广，并且具有权威性。通过每周的分享与探讨，一方面可以引导学生利用碎片化的时间来关注时事政治，从而养成自主学习的习惯；另一方面，可以通过潜移默化的形式

来提高学生的政治性与思想性，开拓学生的视野，增强其学习兴趣。

其次，组织开展校园实践活动。学校可以通过组织相关的文艺演出活动，突出文化主题，调动学生的积极性；开展学术交流活动，通过座谈会、名师讲坛等方式来引导学生阅读经典名著；利用学生会、社团等组织，开展知识竞赛、古典诗词征文比赛、大学生经典国学朗诵会等活动来调动学生的参与性。教师要在教学过程要充分利用学校组织的以优秀传统文化为主题的思想政治教育系列活动，引导学生做好分享与汇报。

最后，组织学生开展社会实践活动，将传统文化的社会实践活动纳入到高校思想政治教育的教学计划当中，并且规定相应的学分与学时。要坚持理论性和实践性相统一。要高度重视思政课的实践性，把思政小课堂同社会大课堂结合起来。因此充分利用实践载体，利用寒暑假等假期时间，组织学生走出课堂，走入生活，走进地方。参观纪念馆、文化古迹、博物馆，进行实地调研；参与社会服务；参与青年志愿者活动等，以此来培养学生的民族自豪感，充实学生的精神生活。高校还可以通过建立思想政治教育基地与传统文化教育实践基地。定期组织学生开展活动，充分利用地方特色的历史文化资源，通过实地调查、走访问谈等方式使学生切身感悟中国历史文化的独特魅力，以此加强学生的爱国主义与民族精神教育，做到将理论教学与社会实践的充分结合。

（四）利用新媒介，开辟教育新途径

随着网络的快速发展，新媒体的兴起对于大学生日常的生活与学习都产生了较大的影响。要运用新媒体新技术使工作活起来，推动思想政治工作传统优势同信息技术高度融合，增强时代感和吸引力。要将思想政治教育与优秀传统文化进行有效融合，就必须充分发挥网络阵地的重要作用，打造优秀传统文化与思想政治教育融合的网络教育空间，为大学生能够更好地接受思想政治教育提供便利条件。

首先，高校思想政治教育要推进多媒体教学，搭建教学互动网站，将课堂延展到网络上。网络突破了教育的时空界限，为了适应时代的发展要求，高校组织建设思想政治教育网站，搭建网络教育平台，以网络为载体，开展思想政治教育活动，传播中华优秀传统文化。教师可以通过网络教育平台来布置作业，上传文章与视频。借助网络提供的便利条件，通过图、文、声、像等生动的形式来展现教育的内容，通过直观感受提升学生的学习积极性，使高校思想政治教育更具灵活性与感染力。同时，高校要加强

优化网络环境。网络环境复杂，充斥着各种不良信息，高校在搭建思想政治教育网络平台的同时，要重视加强网络监管，组建专门人员进行管理，对网络信息进行筛选。这样既可以保证为学生提供富有正能量的文化内容，也可以避免负面信息对学生健康人格的发展产生影响，为学生建设一个安全良好的网络学习平台。

其次，充分利用慕课等第三方学习网站。通过第三方网站，学生可以通过学习外校名师的课程来扩展自己的学习视野。思想政治教育教师可以利用慕课优秀的专题教学视频资源，来进行课后教育，以弥补课堂教学课时不足。同时，教师也可以通过上传教学视频来展开网络教学，这样学生的学习可以不受时间、地点的限制。

再次，高校思想政治教育工作者要充分利用新媒体。教师通过利用微信、微博、QQ、钉钉等大众 APP，定期推送优秀传统文化文章、历史故事、文化遗产等内容，组织学生开展在线接力阅读传统文化经典著作的活动，定期开展直播教学，开展网络学术讲座。同时高校要建设并管理好教育的微平台，搭建微信公众号这种双向互动方式，组织学生进行定期打卡学习，不但能够强化思想政治教育效果，还能及时反馈学生的想法与见解，使教育者随时掌握学生的学习与思想动态，不断优化教学内容。

最后，充分利用微视频软件。短视频软件广受大众欢迎，这些新兴的网络短视频媒体以其极强的娱乐性、简易性、参与性、开放性等特点成为大众的宠儿。短视频平台实现了信息传播的无屏障，增加了信息的趣味性与多元性。当前，短视频已经极大地影响了学生的日常生活，教师借助短视频来开展活动，以学生喜闻乐见的方式来实现思想政治教育与传播中华优秀传统文化。一方面，教师通过短视频平台上传精彩国学教学视频、微课程，利用平台的评论区来引导主流思想等方式来帮助学生获取正能量信息、欣赏艺术、拓展视野；另一方面，鼓励学生录制优秀传统文化学习短视频，使学生在日常学习中学会反馈与分享。给学生提供一个展现自我才能的平台，使他们将自己所学的理论知识有效的转换为实践，激发学生的创造力和自主学习的能力。

三、营造优秀传统文化融入高校思想政治教育的良好环境

（一）营造良好校园环境

首先，创造一个富含优秀传统文化元素的校园物质环境。创建良好的校园物质环境主要是根据校园建设规划，改善设施，美化环境，建设能够

体现大学精神的优美校园。可以充分利用校园建筑来充当文化符号，将优秀传统文化元素应用到校园中的硬件设施与环境布置上。利用传统文化要素要对校园设施进行命名；悬挂条幅、标语、古代诗词、优秀历史人物等具有思想政治教育意义的内容于到自习室、教室、图书馆等布置中；将优秀传统文化元素融入到校园建筑上。打造校园人文景观，营造文化氛围。

其次，营造良好的校园文化环境，在校园中加强精神文化教育。校园文化所蕴含的文化观念、生活观念等意识形态层面的内容应该是为全体师生员工所共同认可。良好的校园文化环境能在无形中影响学生价值观、人生观与世界观的形成，它所代表的特定的精神环境与文化气氛是学校本质、个性与精神面貌的集中体现。所以，对校园文化环境建设应该着重体现于校风、教风、学风、班风及校园人际关系上的校园风气建设。第一，要抓好学风与教风建设。在全校形成各级工作人员团结协作、艰苦奋斗、勤政廉洁、实事求是；广大教师队伍认真负责、开拓进取、治学严谨；全体学生严谨求实、勤奋学习、举止文明的良好局面。第二，要建设良好校风与班风。学校通过设计独具特色的校训、校徽、校歌来展现校园精神文化，增强全校的凝聚力与荣誉感。组织班级设计体现班级文化的班训、班歌、班级展报内容等，增强班级凝聚力，建设和谐、相互尊重的同学、师生关系。第三，要重视校园人际关系建设。通过引导学生成立各类兴趣小组、社团组织，举办校园文化活动来建设校园人际关系，开拓学生视野、提高学生实践能力，在全校师生中营造平等、诚信、互助、尊重的和谐人际关系。

最后，营造良好的校园网络环境。充分利用校园广播平台给学生讲述优秀传统文化的故事，讲述优秀传统文化节日由来、习俗等通俗易懂的内容；通过校园网站、校园 APP 等新媒体平台，定期给学生推送推送优秀传统文化文章、历史故事与时事新闻等内容，做到以正确的舆论引导学生、以优秀的作品鼓舞学生，以高尚的精神感染学生。

（二）营造良好家庭环境

孩子的第一个接受教育的地方就是家庭，家庭环境对于学生个人成长的影响是根深蒂固的，不能改变的。而父母则是孩子的第一任教师，他们也是学生正确价值观、世界观、人生观以及高尚道德品质形成的重要教导者。要将思想政治教育与优秀传统文化有效融合起来，就必须重视发挥家庭的引导作用，一方面通过在日常生活中渗透中华传统文化元素，营造良好的家庭氛围；另一方面通过父母的言传身教来影响学生的思想观念、价值取向、思想品德等。

首先，营造良好家庭氛围。拥有一个尊老爱幼、团结友善、亲友和睦的家庭氛围，能够对学生的思想道德品质及人格修养产生积极的作用。一个"和乐"的家庭环境，能够使孩子更容易形成孝顺父母、尊重他人的良好行为习惯与个人品德。而中国作为礼仪之邦，不仅注重礼仪文化的传承，也注重"和"文化的延续。因此，良好的家庭氛围对于孩子传承中华优秀传统文化，形成良好的道德素质和价值观念有着重要的作用。

其次，采用多种家庭教育文化传承方式。这里主要发挥家长的言传身教以及利用传统节日文化的影响。家长要端正对优秀传统文化的态度，在日常生活中充分利用优秀传统文化元素来教育孩子。家长也要以身作则，率先示范，用实际行动发扬勤俭节约、尊老爱幼、尊重师长等优秀传统美德，形成良好家风，引导学生从小形成良好的生活习惯。家长还要充分利用中国传统节日契机，尤其要重视利用重阳节、端午节、春节等传统节日文化，向孩子讲授传统节日背后的文化知识，通过节日的传统习俗活动来让学生对传统文化节日文化产生正确认知，增强他们的文化认同感与民族自豪感，树立正确的价值观念与道德认知。

（三）营造良好社会环境

学生是社会人，学生的成长与发展离不开社会环境，而现在大学教育是一个开放性的状态，社会环境状况的好坏也会影响着高校思想政治教育的效果。

首先，加大政府对传统文化的引导和宣传。良好的社会氛围的建设是离不开过党和政府的主导与扶持：第一，政府要制定相关政策与文件，将继承与弘扬中华优秀传统文化落到实处，引起全体社会成员的重视；第二，各级政府部分还需要因地制宜、因材施教，充分利用各地区文化特点，制定科学方案，组织特色文化活动，扮演好中华优秀传统文化教育的推动者与领航者；第三，政府还要通过利用博物馆、名人故居、纪念馆、文化遗迹等公共服务设施，定期对公众免费开放，举办文化交流沙龙、知识讲座等活动，充分利用这些传统文化载体做好宣传与教育作用。

其次，发挥社会传播媒介的作用。要通过报纸、杂志、广播等社会传播媒介来宣传中华优秀传统文化，利用优秀文艺作品来传播文化知识、陶冶道德情操，引导正确的舆论导向，将优秀传统文化融于学生生活的每个角落，进而形成一个轻松愉快的社会教育环境。

最后，发挥社区组织的作用，将优秀传统文化的弘扬落实到基层。社区虽小，但它也是社会团体的重要组成部分。通过社区宣传栏、板报等宣传阵地，宣传优秀传统文化相关知识；定期举办知识竞赛、家庭教育讲座等与优秀传统文化相关的社区活动，引导广大人民群众积极参与到活动中来，以此来创建绿色社区、和谐社区、文化社区，构建和谐、团结互助的社区人文环境。

第五章　中华优秀传统文化与大学生人文素养

当今世界正经历着一场深刻的社会变革，科技的飞速发展，经济全球化的加快，青年价值观和社会意识多元化趋势明显，这些给当代青年学生的思想政治教育带来了新挑战。面对新形势，如何传承中华民族的传统文化，进一步推进人文素养教育，引导青年学生树立正确的人生观、价值观，是我们面临的新课题。

第一节　人文素养教育

一、人文素养教育的内涵

人文在客观上通常是指人在适应、改变、创造自然、社会和思维中形成的人类各种社会文化现象，反映在哲学、文学、历史学、人类学、义化学、美学、艺术学范畴的概括和表达中，区别于由数学、物理、化学、大文、地理、生物等范畴反映的自然现象。

中国古代的"人文"最早见于公元前11世纪的《周易》："文明以止，人文也。观乎天义，以察时变；观乎人文，以化成天下。"这里的人文指的是与包括自然现象及其变化规律在内的天文相对的"礼乐教等文化"。唐孔颖达疏："圣人观察人文，则诗书礼乐之谓，当法此教，而化成天下。"《辞源》和《辞海》对人文的解释是"泛指人类社会的各种文化现象"。《后汉书》中也载有"舍诸天运，征乎人文。"唐李贤注："人文，尤人事也。"可见，"人文"一词在我国古代指文物制度和社会教化等文化现象，这与现代意义上的人文有着密切的联系。

在西方，"人文"一词最早起源于拉丁文 humanitas，发现于古罗马哲学家、政治家西塞罗的著作中，是西塞罗在翻译希腊文 paideia 时使用的。在拉丁文中，humanitas 的原意是"人性""人情""万物之灵"，而希腊文 paideia 相当于今天的"文化""教育"的含义。西塞罗用 humanitas 来表达一种教育理想，即通过教育和教化而使人获得完整、固满的"人性"，他同时也用这个词表示具体的课程体系，是古罗马时代成为真正的"人"即"公民"或自由民所必修的科目，包括哲学、语言、修辞、历史和数学等。humanitas 的核心思想，是把人作为一切活动的出发点和归宿。到了文艺复兴时期，"人文"一词成为反对神权，重视人的价值，尊重人的尊严和权利，关怀人的现实生活，提倡人的自由、平等的旗帜。随着科技的发展和科学主义的兴起，"人文"一词开始与"自然科学"一词相对称，泛指人类在精神文明、文化领域的各种现象。

综合中西方对"人文"一词的理解，人文即"人之所以为人"的各种属性。而人之所以为人，人比其他一切动物来得高贵，最根本的就是：人有意识、有理性，懂得遵守社会和为人的基本规则；人类有在自身历史进程中沉淀的各种文化；人类有求真、向善、爱美的品格。

何为人文素养？人文素养泛指社会成员在先天生理基础上，经过后大教育和社会环境的影响所形成的相对稳定的人文方面的综合品质及行为表现。它通常包括五个方面内容：一是具备人文知识，二是理解人文思想，三是掌握人文疗法，四是内化人文精神，五是践行人文行为。其中，人文精神是人文素养的核心。人文精神主要表现在：在处理人与自然、社会及文化的关系时，突出人是主体的原则；在认识和文践活动中，以人的各种需要的满足为最终诉求，强调人是目的的原则；在人与物的比较中，强调人的价值高于物的价值、生命价值优先的原则；在人与人的关系中，强调相互尊重对力的人格尊严，突出人人平等的原则等。

人文素养与人文知识是两个不同的概念。知识是外在于人的东西，是材料、工具，是可以量化的东西；必须让知识进入人的认知本体，渗透于思想与行为中，形成一贯的、稳定的人格和品质，才能称之为素养。人文素养在涉猎了文、史、哲等人文知识之后，更进一步认识到，这些人文知识到最后都有一个终极的关怀——对人的关怀。人文精神的真谛，是对人的命运的关怀，对人的价值的肯定，以及对人生和生命意义的探寻。在人与自身的关系上，突出地显示讲理想、讲进取、讲守节、讲自律的精神境界和价值取向；在人与他人的关系上，突出地显示讲诚信、讲友善、讲包容、讲互助的精神境界和价值取向；在人与集体的关系上，突出地显示讲大局、讲奉献、讲合作、讲和谐的精神境界和价值取向；在人与社会的关系上，突出地显示讲法纪、讲文明、讲公平、讲安定的精神境界和价值取向。

人文素养教育就是指以提高人文素养作为主要目的和重要内容的教育，

它追求的是人文精神，是将人类优秀的文化成果，通过知识传授、环境熏陶及自身实践，使其内化为人格、气质、修养，成为人相对稳定的内在品格的过程。就高校来说，大学生人文素养教育是指通过各种人文社会科学方面的学习培养，提高大学生的文化品位、审美情趣和人文修养，进而深化和固化人文精神，从根本上提升大学生全面人文素养的系统教育活动。主要包括四个层面。其第一层面是人文学科的教育，主要是文、史、哲等学科的教育，包括语言文学教育、历史教育、哲学教育、艺术教育、道德教育、思想教育、政治教育等内容。第二层面是文化教育，特别是民族文化的教育，包括文化基本传统、基本理念、基本精神等的教育和民族精神、民族传统的教育等内容，以接受本民族共同认可的基本世界观、价值观和行为模式，促进个人和社会之间的相互认同。第三层面是人类意识教育，包括人类文明基本成果、具有普世意义的基本伦理价值观、共同的行为规范教育等内容。人类意识教育的目的是让每一个人学会同他人和谐相处、同其他民族和谐相处、同自然环境和谐相处，使人们在满足自己的平等需要、权利、发展的同时，增强相互合作，促进可持续发展。第四层面是精神修养的教育，包括精神境界、理想人格、信仰信念教育等内容。

二、人文素养教育的特征

（一）以人为本的人本性

人文素养教育的价值取向就是为了人、出于人、归于人的。"自然不是作为纯客体的对象存在，而是对象化了的为我存在；社会不是作为外在于个人的异己力量，而是内存于个人的人的社会；人生的各种现象也不再是神秘莫测、不可捉摸的，而有其自身的规律和轨迹；人在自然界中具有崇高的地位，人的存在、生命的存在具有他物不可比拟和取代的普遍意义和价值。"[①]为此，人文素养教育弘扬人的个性、完整性、历史性，致力于人性的生成、扩展和人性境界的提升。具体地说，人文素养教育不拘泥于概念、事实、原理及技术的掌握，而是力促对个体和社会生活实践的人文反思，唤醒人的真正内在的人文需要，培养基本的人文素养，树立高尚的人文理想和人文精神，使之真切感受和体验到人性的美好和人生的尊严。

人文素养的培养，贵在从"己"做起，亦即古人强调的"修己"，其要旨在于学习的自觉性和内省性，它不仅是道德教化的基础，也是自我境

---

① 邵汉明.中国传统文化反思与超越[J].学习与探索，1988（4）.

界提高的关键。也就是说，人文素养的形成关键在于个人的内化作用。因此，人文素养教育不是仅靠灌输，而是要积极引导，激发学生的主体能动性。在教育方法上也要摒弃那种简单的"说教""训导"和"诫勉"。由此来看，人文素养教育的力式和方法也是坚持"以人文本"的，多采取"讨论""对话""实践"和"反省"教学方法。在讨论中，讨论各方的立场得以展现，在对话中对话双方的观点受到质疑，在实践中实践者感受人文素养和人文精神的价值，在反省中个体发现内心的矛盾与冲突。

（二）与时俱进的发展性

与时俱进的发展性是指人文素养教育是一个具体的历史的动态系统，它的内涵和外延既有历史继承性，也会随着社会的变迁而与时俱进。也就是说，不同的时代对人文素养的具体要求会有所不同，这也就决定了人文素养教育也要随着时代的不同而不同。

按照马克思主义的观点，精神生产随着物质生产的改造而改造。精神的东西含有认识主体的能动创造，但归根结底是一定历史时期人们的物质生活过程的必然升华物。因此，不同时代的精神表征，会有不同的内容和形式。由人文精神具有时代性，人文素养教育就不能脱离具体所在的环境和条件，去培养"一般""永恒"的人文精神。在今天，人文素养教育更要立足于建设中国特色社会主义的时代要求，批判继承历史上优秀的思想成果，大力弘扬广大人民在长期革命、建设实践中那些最珍贵的精神，使之凝聚成新时代下最宝贵的现实人魂。

（三）积淀传承的民族性

这就是说人文素养教育所需要提升人的人文精神归根结底是民族性的。人类历史是一个基于社会基本矛盾的辩证发展过程。生产力和生产关系的对立统一，经济基础和上层建筑的对立统一，在不同的国家和民族会有不同的具体情形，这是人文精神民族性的根源。比如，在中华民族的历史上，注重社会责任，关心国家社稷，重视整体和谐，推崇公忠为国的整体精神和爱国主义精神十分突出。这种精神的形成，就是同中国社会特定的经济、政治背景和具体的历史特点直接相关的。总的来说，人文素养的形成和培养离不开各个民族、国家特有的历史和文化发展。中国人的人文素养的形成有其特有的文化背景和历史特点，因此，人文素养教育要研究和吸取中华民族的优秀文化和独有的民族品质和民族精神，这是人文素养教育民族性的根本要求。

还要说明的是，承认人文素养教育的民族性不等于否定其开放性，也就是说，人文素养教育既要体现中华民族的独立和尊严、进步和发展，坚持自己民族的精神发展的主体性，同时，又要积极学习、借鉴、吸收世界上其他民族的文明成果。就像《共产党宣言》中指出，随着世界市场的开拓，"使一切国家的生产和消费都成为世界的了……物质的生产是如此，精神的生产也是如此。各民族的精神产品成了公共的财产。民族的片面性和局限性日益成为不可能"。在当今的世界，各民族间优秀文化的开放形成互相吸收、互相发展的关系，并日益成为历史发展的潮流。因此，人文素养教育在坚持民族性的前提下，要博采众长，以更好地丰富自己的民族文化，促进各民族文化的和谐交融和共同发展。

第二节　大学生人文素养教育

一、大学生人文素养教育的时代需求

（一）人文素养是大学生面向时代、面向未来、面向世界的发展需求

今天的大学生是面向世界的新一代群，他们面临的是一个知识经济时代，是一个靠人才进行全面竞争的时代。新时代大学生是高级专门人才的预备队，时代对其寄予厚望的同时，也对他们提出了前所未有的高要求。现代社会的快速发展要求大学生必须具有相适应的文化品格和全面素养，单纯的科学知识已不足以使人成为真正有利于未来社会发展的一流人才。新时代的大学教育已不能是单纯的职业教育，不是只为了学一门专业和掌握一项技术，而是要培养具有较高文化素养和文化品格的全面发展的人。因此，大学教育不仅要注重专业教育即科学技术教育，更要注重文化素养和文化品格教育即人文教育。"重科技、轻人文、重专业、轻教养"的教育观念必须加以改变。

社会中有许多人认为，搞现代化建设，一是要有资金，二是要有技术，别的都是次要的。实际上，现代化建设归根到底要靠人，人才的素养是现代化建设成败的关键。现在人们常说，能源、交通是经济建设的"瓶颈"，这当然是对的，但从长远看，影响经济建设最大的"瓶颈"无疑是国民的文化素养和文化品格。无论是从实现经济体制与经济增长方式两个根本性转变来看，还是从实现物质文明和精神文明共同进步、经济和社会协调发

展来看，都要求教育致力于提高国民素养。特别是肩负培养高层次、跨世纪、高素养专门人才重要使命的高等教育，更要着眼于提高学生的全面素养，特别是人文素养。现在和今后一、二十年我们培养出来的学生，思想道德和科学文化素养如何，直接关系到 21 世纪中国的面貌，关系到我国现代化建设战略目标能否实现，关系到我们国家和社会的走向。

21 世纪科学的发展，一方面表现在原有学科分工越来越细，研究越来越专业化，新兴学科不断涌现；另一方面表现在学科间的交叉渗透，自然科学和社会科学综合化趋势越来越明显。在实际中，学科的发展从低水平的综合走向分析，现在又走向高水平的综合已成为一个重要的趋势。以工程学为例，美国国家工程院院长奥吉斯丁认为现在工程学已进入了一个社会工程时代。现在的工程是不同学科的综合，要求工程师善于研究跨学科的难题且能取得突破。当前，为适应这种学科交叉、文理渗透的发展趋势，对大学生进行"通识"教育（而非"通才"教育），培养文理结合、能够综合创新的复合型人才，已成为国际教育改革的新潮流。

（二）人文素养是培养具优秀创造力的新型竞争人才的教育需求

要迎接科学技术突飞猛进和知识经济迅速兴起的挑战，最重要的是坚持创新。创新是一个民族进步的灵魂，是国家兴旺发达的不竭动力。《高等教育法》规定，高等教育要培养面向 21 世纪具有创新精神和实践能力的高级专门人才。因此，我们必须重视学生的创造力培养。著名科学家钱学森说，创造性思维往往在不同学科知识和思维方式的交叉渗透中产生。他自己是搞科学技术的，但是在哲学中颇有造诣，对艺术也很有研究。据统计，世界上各个领域的 1000 位有杰出贡献的人物中，百分之七八十都接受过良好的音乐、美术教育。这说明艺术教育对一个人精神境界的升华，想象力、创造性的开发及思维方式的拓展有不可低估的影响。在经济发展迅速的美国、日本、韩国等很多国家和地区，人们也越来越强调人文精神、文化素养的重要性。任何一个积极向上的国家和民族都不愿意在现代化进程中损害本国、本民族的文化精神。在经济发展中坚持和发扬本国优秀的传统文化并汲取他国优秀的文化成果，比吸收消化国外先进技术艰难得多。关注经济发展与人的道德、伦理、精神相协调，合乎逻辑地成为当今世界教育改革的共同趋势。

当今世界各国的竞争主要表现在两方面：一是表现为经济、国防、科技的竞争，二是表现为人才的竞争、人才素养的竞争。谁在人的素养上占优势，谁就将赢得国际竞争的主动权。我国只有加快教育改革的步伐，在人才培养上更新观念，从青少年抓起，从人文素养教育入手，提高人的综合素养，才能适应新形势下人才竞争的需要。知识经济时代是人进一步走向全面发展的时代。人的全面而自由的发展，离不开人的人文素养的提高。人的人文素养的提高，既是人的全面发展的内容，是社会进步与发展的内容，也是人的专业能力、业务素养发展的必要条件。从某种意义上说，人的专业能力、业务素养只是人的全面而自由地发展的条件；而人的人文素养，即思想境界、道德情操、认识能力、文化教养，才是人的全面而自由地发展的标志。

（三）人文素养是帮助和引导青年学生塑造理想人格的文化需求

所谓人格也就是指人的信仰和情操、态度和兴趣、气质和素养以及价值观的总和，它是人的内在素养与外在素养的统一。人格的核心是人的内在素养，即人的精神境界和思想意识。我们知道，推动一个国家的经济发展和社会进步，必须依靠内在的动力，这种内在的动力来自于人的素养，建设现代化的国家必须依靠具有现代素养的人，具有现代素养的人首先要具有健康理想的人格。传授人文知识，可以帮助青年确立人生航向，树立正确的人生观、价值观，可以帮助青年拓展思维、陶冶情操，可以培养青年爱国主义精神、集体主义原则和职业道德操守，可以提高青年的人性修养。

二、大学生人文素养教育的现实状况

近年来，高等教育得到了快速的发展。但如今，高等教育普遍呈现急功近利的浮躁心态，部分高校重视知识灌输和技能训练，而忽视心灵教化和人格培养，导致部分大学生社会公德失范、人生观迷惘、价值观混乱以及"有知识无文化"等人文素养严重缺失的状况。人文素养欠缺最终会成为职业素养提高的制约因素。因此，作为培养技术应用型人才基地的高等院校，必须以素养教育的理念为指导，加强大学生的人文素养教育，避免人才的"畸形"发展，以适应未来高素养人才的需求。高等院校人文素养教育存在的问题具体表现有如下：

（一）部分高校重视程度不够

目前，高等院校普遍不重视人文素养教育，很多院校削弱甚至取消了人文素养教育课；高等院校的大多数学生也抱着实用主义的态度，偏向于学习"有用"的知识，放弃人文知识的学习。有些学生的文学艺术修养、语言表达能力、文字书写水平远没有达到大学生应有的水平。他们除了在课余时间参加一些社团活动，很少主动接触哲学、历史、文学、艺术等有关人文社科方面的知识。在他们看来，拿到专业技术某个等级的证书就意味着自己具备了相应的能力，而掌握人文知识与提高职业能力和就业无关。事实上，掌握人文知识与提高能力是辩证统一的。人文知识可以内化为一个人做人处世的能力，可以积淀为一个人内在的文化素养。作为一名中国大学生，应对人类的文化遗产、对中华民族悠久的历史文化有所了解，特别是对中华民族所特有的文学艺术和伦理情操有所掌握。

（二）部分学生缺失人文精神，人格塑造比较困难

当前，高等职业院校学生的人文精神缺失，造成了很多学生缺乏坚定的理想和信念，缺乏明确的人生目标和精神追求。而中华民族的优良传统在不断流失，民族自尊心和自豪感在逐步淡化，崇尚西方生活方式和价值观念的现象在蔓延和发展，这与时代的发展和人才激烈竞争的趋势很不适应。有些大学生缺乏积极奋进的人生理想，除了专业技术知识，对其他知识都不感兴趣，因而思想苦闷，精神压抑，消极悲观，无所事事；有些学生的独立性、自主性意识增强，渴望实现自我，但对他人和社会没有责任感，集体意识与合作意识淡薄；有些学生热爱美和追求美，但由于人文素养太差，加之受西方社会生活方式的影响，狂热崇拜歌星、影星，盲目追求时尚乃至低级、颓废的生活；有些学生缺乏正确的人生价值导向，认为人与人之间是你争我夺、尔虞我诈、互相利用的关系，注重功利性，讲求实用主义，满足于感官刺激和及时行乐。这些问题的出现，虽然原因是多方面的，但学校教育方面的缺陷造成学生人文素养、人文精神的缺乏，不能不说是一个重要因素。

（三）部分学生缺乏人文精神，道德素养不高

当前，大学生的道德修养状况也难让人满意。在学生中有的只关心个人得失，缺乏"天下兴亡，匹夫有责"的社会责任感；有的只顾个人利益，不关心别人痛苦，缺乏团结互助、舍己为人的集体主义精神；有的追求物质享受，生活上相互攀比，缺乏勤俭节约的思想；有的经不起困难和挫折，缺乏意志和毅力；有的不善于协调人际关系，封闭孤独，萎靡不振，缺乏宽容，缺乏青春活力。长此以往，我们的大学生就难以担当民族振兴的伟大历史使命，构建社会主义和谐社会的目标也难以实现。我国老一辈科学家

都十分注重自身人文素养的培养，充满着爱国激情。如地质学家李四光、物理学家钱学森、气象学家叶笃正等，都在祖国需要的时候，毅然放弃国外优越的物质条件和优厚的生活待遇，冲破重重阻力，甚至冒着生命危险回到自己的祖国，在极其艰苦困难的条件下为我国科学技术研究、为"两弹一星"上天、为航天工业发展作出了卓越的贡献，他们为我们树立了榜样。

二、大学生人文素养现状的原因分析

大学生人文素养的现状不容乐观，造成这些问题的原因是多方面的，主要表现在如下几个方面。

（一）人文课程设置缺乏合理性

人文课程的设置反映该高校人文素质培养的理念，设置人文素质课程的目标应该培养具备良好人格和技能的人才为目标。因此，要把实现人的和谐全面发展作为设置人文课程的任务。在人文课程内容方面需要增加内容的丰富性，扩大课程范围，并且建立多样化课程机制。将人文精神渗透到专业课程教学当中，在课程实施中，突出人的全面发展，以人为本，从学生兴趣出发，发挥学生的想象力和创造力。但是，我国高校的人文素质培养还处于起步阶段，理工类院校和综合性院校都存在着基本人文课程设置缺乏合理性等一系列问题。

首先，多数院校对人文课程的重视不足。在我国构建高校课程体系的过程中，理工类或理工专业比重大的综合院校普遍存在重专业、轻人文的现象。我国许多高校大多以专业理论课程为主，课程体系根据各专业发展而设置。具体课程设置过程中教育目标强调要培养综合素质的人才，但是各种实践性和非专业的课程常被忽视。特别是人文类课程，人文课程的作用很难量化，人文知识蕴含的价值总是通过内化的、长期的训练中才能得到体现。因此，高校课程体系中人文类课程的地位日渐低下。其次，人文类课程设置的范围过窄。比如课程涉及的内容范围狭窄，大多数人文课程只是单一的设立思想政治课。多数高校课程体系中只有百分之十左右是人文类课程，其中，一般的政治理论课成为主要部分，而余下的其他选修课数量很少，占的比例更少。再次，人文课程在内容上不灵活。多数人文课程重视书本内容而忽视实践，许多高校开设人文课程的内容重复，还出现过时等现象。重复开设课程的情况，只是从理论层面讲述和分析，实用性不强，学生在学习过程中就自然地缺乏兴趣，这些对于提升学生人文素质是不利的。教学改革中改变教学的方式与方法无法替代教学内容和课程体系的改革，为此，在实施人文素质培养的过程中应该充分认识到人文课程建设的重要意义，提高人文课程的实效性。

最后，在应试性和实用性的导向下，学生的人文精神和人文理想追求呈现弱化状态。在师生的观念中通常把人文素质培养作为教学活动的附加部分，归纳到课程体系之外，增加了学生负担和教学成本，使得人文素质培养工作很难有效的持续开展。多数院校忽视了人文精神的培养，而人文精神培养是人文素质培养的本质。虽然人文素质培养作为改革教育内容的一个切入点，但人文素质课程没有被置于高校整体课程体系的重要地位上，具体实施过程中作为补充性课程来选择。目前，人文素质课程在总体设置上缺乏严谨性，教学计划中的课程联系缺乏论证，有明显的随意性。因此，淡化学科界限、加强专业教育中人文精神的渗透，加大人文素质课程在课程体系中的比重成为高校教学改革的任务。这样才能使高校课程体系综合化，向着均衡性的方向转变，也符合素质教育的思想和目的。丰富的人文课程是提升人文精神的重要思想资源，提高人文课程质量对于提高高校教学质量有着重要的现实性意义。

（二）人文素质培养的内容缺乏实效性

高校人文素质培养工作逐步实施后，收到的效果不理想，原因是多方面的，其中的一个重要因素是人文素质培养内容缺乏实效性。没有把许多思想性的人文素质内容和实际结合起来，学生难以把握。在文化传承方面，中国传统文化类的课程少而且内容较为空洞，传统文化中的词、曲、赋、民族音乐、书法、对联、民间习俗等内容和学生日常课程联系较少，人文类课程中也很少涉及这些内容，学生接触到的传统文化方面的内容自然就少了很多。在文学、历史、哲学方面，文学方面的课程局限性大，许多理工类的学生难以理解，在理论上的了解也很少。历史方面大多数是在特定考试当中才有学生去学习和理解，加上人文素质培养较为单一的课程设置，历史方面的知识无用武之地，更不用说它对学生的实效性了。在哲学、艺术方面，大多数院校在人文素质培养内容中没有留给学生对于哲学和艺术比较深刻的思考，由于哲学艺术方面的知识都是比较深奥的，许多传授过程也都仅仅停留在书本理论上。由于具体开课的人数有限，所以除哲学和艺术专业的学生以外，很少有其他专业的人来了解，这种情况对于扩大人文素质培养的范围、增加学生的知识面、提升人文素养培养的实效性都是不利的。

（三）专业教育中对人文素质教育的缺乏

许多高校教师在长期的教学中偏重于教授纯科学知识，忽视了人文知识，没有将二者有效地结合起来，造成了学生人文素质的缺乏和学校人文氛围的淡化。许多大学生拥有扎实的专业知识，但知识结构比较单一，人文知识相对弱化，这正是由于他们在接受专业教育时，缺乏对人文知识的学习。专业课程的内容较多而且复杂，学校在教授时很少顾及相关人文知识的渗透，学生应有的人文素质十分欠缺。在具体学科分割的过程中，出现了分化过于狭窄的现象，部分专业知识过于琐碎的状况。

为适应社会需要，专业教育大多只注重学生就业需求，缺少了对知识完整性的追求，实用化思想占据了第一位，人文科学方面知之甚少。片面追求专业教育使学生的知识面变得技术、单一化，学生的感悟能力变得越来越弱。

多数高校在教学管理中偏重专业技术教育，忽视人文素质，科学技术创造物质文明，但在新阶段，社会的深层价值体系需要不断加强，科技理性需要为人的全面发展而服务。科学教育过程中缺乏培育学生的人文素质，单纯的专业知识授课现象令人担忧。以在传统文化背景削弱的当前社会，人文精神应当被重新加强，重视培养专业人才的人文素质，才能使人与人相处更加和谐，大学生才能适应当今时代的发展趋势。

（四）尚未建立和完善人文素质评估机制

当前，高等院校内部教学评估机制存在一些问题，缺乏完善的人文素质评估机制。其中突出的问题如：制度设计不科学、不适当的价值取向、单一的评估主体、缺乏有效的保障设施等。在多年单一评估模式和传统督导评估理念的影响下，评估的功能范围被缩小为简单的判断和鉴别功能。新形势下，高校应当明确办学目标和使命，积极借鉴经验，深化教学改革、提高教学质量，从评估的规划、执行、控制和反馈等角度构建完善的教学评估机制，促进学校人文素质教学保障体系的建设。

在人文素质内部教学评估机制方面，很多高校没有自身为主导的评估机构，仅仅依靠教务部口开展评估活动，许多相关人员的参与较少。在设计评估制度方面，评估形式单一、渠道狭窄，尚未采用新的理念、手段。多数高校在评估制度实施方面没有建立相应的约束机制，无法有效落实一些好的制度，评估活动变成形式上的工作，没有实效性。内部质量保障体系缺乏监督与回访机制，现行的评估机制缺乏自觉强化自身质量的主体意识。在人文素质评估机制的形式和角度方面，很多院校的行政化色彩明显，目标错位，评估指标单一。评估从一开始就有浓重的行政色彩，由国家行政机构领导和实施。许多民间机构的评估一般不被重视，尽管我国鼓励社会中介组织、教育考试机构、社会团体参加教育评估，但是受到的制约因素较多，取得的效果较小。人文教育评估在测量的基础上设定标准和目标，经过一段时间评估工作的测量，判断预期标准和目标是否达到，从而做出教育工作的价值判断，也为继续改进教育管理做出参考依据。评估的目的是为了不断地提高教育质量和办学水平，通过评估也能指出不足，为今后打下良好的基础。但是，在目前的人文素质评估机制中，主要是以鉴定性的评估为主，奖励惩罚性明显，被评估的院校得不到充分和适度的反映。许多院校在评估中忽视提高教育质量这一重点工作，却把片面追求评估结果放在了参与评估的第一位，忽视如何达到培养目标和国家规定的标准，却只重视评估的排名次序。这样一来，评估机制起不到应有的作用，教育评估的真正目的被忽略，产生了一定的负面影响。在评估指标方面较为单一缺乏层次，只是单一的本科院校评估，对于不同层次和类别的院校不具有公平性。在评估中过于强调评估标准的统一性，很难做到具体对待千差万别的院校，为评估带来过强的共性制约，扼杀了高等学校的办学特色，不少高等院校为达到评估体系的标准而放弃了自身的特色。评估指标体系忽略了许多不可计量的因素，只是在一些硬性指标上有所规定。

在评估过程和评估功能方面，评估过程不够规范，合理规范的质量标准缺乏完善，缺少现代技术手段的科学程序和方法的支持。未充分发挥高等教育评估功能，如导向、鉴定和改进功能。在发挥这些功能时，存在一些缺陷。导向功能上在引导离校贯彻国家教育方针方面较弱，比如在统一性很强的评估标准下，使多数高校办学趋同化，而教育方针中要求培养不同类型的人才较难实现。鉴定功能中较难通过评估为高校做出客观的判断，比如由于高校被动地接受评估，提供的信息有所失真，导致鉴定结论的失真。改进功能中通过评估发现问题并改进，以便商校改进工作，提高办学质量。但是由于评估标准针对不强，评估功能弱化，对于评估后改进方面没有引起普遍的重视，很难准确地作出判断，改进功能会有所折扣。

高校是教学工作的前沿阵地，完善的教学评估机制对于人文素质水平的提高作用很大，科学的制定多样标准和多种形式的教学评估制度十分重要，这也是高校促进自身发展和加强内涵建设的必然选择。

（五）家庭及社会观念的影响

社会外部环境包含范围很广，如各种社会风气、家庭条件、社会文化实施等外部环境灵活多变，随着社会的发展，社会外部环境对大学生的影响越来越复杂，学生的价值倾向往往受到所处生活环境状态的重要影响。

首先，社会外部环境对大学生心理发展有一些不良的影响。随着现代社会的高速发展，社会刺激因素增多，生活节奏加快，各种不良社会现象的出现等，严重地干扰着大学生的心理健康。社会中不健康因素增多，各种社会信息的诱惑，出现拜金、享乐主义等，误导了大学生的思想，不利于大学生形成良好的道德观念。社会风气中唯利是图、见利忘义等不良现象时有发生，大学生正处于人生观、世界观的形成阶段，受这种不良风气的影响，一些大学生可能产生相应的道德观念影响。

其次，当前升学、就业困难，部分大学生在就业困难的情况下，容易产生精神空虚，对前途失去信也。多元社会文化缺乏规范性诱导，大学生的个体心理发展出现动荡，容易受外部环境的感染与影响。在开放的社会环境中，相互冲突的社会思想观念会给大学生带来迷茫，容易造成认识上的混乱。

最后，社会外部环境是影响大学生发展的重要因素，大学生的思想健康素质是社会外部环境在大学生身上的反映，大学生思想与社会环境因素的变化同步。同时，家庭环境也影响着大学生思想观念的基本定型，心理上的基本成熟以及步入社会工作所需要的工作能力。当代大学生是思想较敏锐的群体，是祖国的希望，社会外部环境对大学生思想的影响无所不在。面对这一复杂的问题，要从社会各个方面做起，切实提高大学生的综合能力。

（六）大学生自身存在的问题

在人文素质培养过程中，大学生也存在着许多自身的原因，导致人文素质在总体上较弱。首先，部分学生学习目标不明确。学习目标的丢失是大学生的一个普遍现象，上大学之前学生基本上按照学校和老师的规划去学习，各种课程知识都是已经安排好的，而进入大学之后，自主学习的机会变多，没有了老师的指导，许多人就失去了明确的学习目的。部分学生无法管理自己的空暇时间，精神迷茫，缺乏自己独立的思考和判断。部分学生学习相当被动，没有明确学习任务的时候就无所事事，沉迷于网络。还有的学生脱离了自身实际，盲目幻想，树立了大而空洞的目标。

其次，部分大学生学习态度不端正。当代大学生中，很多人对学习目的缺乏正确的认识，缺乏积极的学习心态，对平时学习的内容不主动理解消化，把希望寄托在考前突击上。同时，实践课程很多学生不予以重视，并不注重自己能力的发展，思维比较僵化，过于注重考试的分数和结果。很多学生学习方法不当，普遍的现象就是考前死记硬背，这样对知识的积累、专业技能的培养没有帮助。事实上，有些学生还缺乏质疑精神，对所学内容提出质疑的现象很少，不利于知识的创新。

最后，当今大学生更加关注个人得失，而集体意识却趋于淡薄，对集体活动的认识上忽视和注重体现自我价值。很多大学生强调以自我为核心，重视个人利益，忽视集体和他人的利益，出现集体观念松懈和奉献意识减弱的现象。实用主义影响了大学生的道德价值判断，大学生对事物和人的行为在道德层面的判断受到影响，价值定向和价值追求趋向于功利化。大学生从自身方面提升人文素质对于高校人文素质培养工作有重要作用，人文素质培养工作的目的主要也是为了提高大学生的总体素质和综合能力。

第三节　传统文化与人文素养关系的辩证认识

优秀传统文化是能反映出中国民族历史文化风貌和精神的文化，有着特殊的历史背景和故事，是一项简单的艺术活动，代表的是中华民族优秀的内核。我国的传统文化从古至今有很多流传了下来，虽然也曾有被遗失的优秀传统文化，但目前，不管是国家还是人民都对优秀传统文化的继承和发展十分关注。在现代社会，优秀传统文化一般是通过某种艺术形式，例如：书法、古诗文、绘画、音乐等展现的，当然还有一些节日寓意也是属于优秀传统文化的范畴的。从广义上讲，凡是自古代流传下来的，能对中华民族不管是物质还是精神层面带来深远影响的文化，都可以称之为优秀传统文化。传统文化在今天表现出来的深远意义，除了文化传承之外，更着重体现在人们的素养提升上。优秀传统文化，不仅是指导人们日常生活的准则，也是人们检验自我、提升自我的有效助力。如儒学中强调的"仁爱思想"，一直为人们道德思想所提倡，也是构建和谐社会必须要做到的。道家庄子强调的"道法自然"思想，虽然其中包含着一些较为落后的认识，但其中的"尊重规律，不应外力干涉规律""尊重自然"等想法与今天的"协调发展"和"绿色发展"理念不谋而合，尤其是对于自然规律的认识，走到了时代的前列，在今天也仍然适用。这些优秀传统文化中体现出来的思想和观念值得教师反复品鉴，用以指导当代大学生的素养发展，让优秀文化的基因影响他们，让他们向德才并具的当代青年迈进。人文素养即是指人们在人文方面所具有的综合知识与能力和这些知识和能力发展所达到的程度，以及未来人们在此方面可以达到的成就。一个人从出生开始就开启了人文素养的培养路途，因为人文素养包含了生活的方方面面，一个人的为人处事、思维方式以及文化品质等都是人文素养的综合体现，尤其是在人们学习熟知语言以后，人文素养更加体现在人们的方方面面。人文素养是人文知识、能力以及精神的大融合，对人进行人文素养的培养可以有利于其通过学习人文知识来完善自身人格。良好的人文素养不仅对个人有着独善其身的积极作用，还对社会的和谐发展有着巨大的推进作用，具有良好人文素养的人越多，社会的运转模式就会发生更好的变化，社会环境也会愈加改善。现代社会是以成为丰富多样、开放包容、自由度高的社会为目标的，对人们进行人文素养的培养有助于加快这一目标的实现。基于对人文素养概念的厘清不难发现，优秀传统文化与学生人文素养之间是相辅相成的关系。传统文化要继承，要在新时代焕发新的生机，必须以人为载体来进行，而人文素养高、文化水平高的大学生接受知识和消化知识的能力强，对于传统文化的认知相对清晰，也有着辨伪存真、趋利避害的文化分析能力，是优秀文化发扬的一大阵地，所以，要在大学中不遗余力地进行优秀文化的传承工作，让学生心怀敬畏，自愿做优秀文化的代言人，以自身行为展现传统文化的魅力，成为新时代的领航者。

一、优秀传统文化对大学生人文素养培养有推动作用

传统文化在时间的浮沉中经历了五千年的洗礼，有很多已经被替代或淘汰，目前，全国兴起了复兴传统文化的热潮，人们越来越看到了传统文化对于今天价值观重塑和民族复兴的重要性，优秀传统文化对于个人的道德品质的提高所起到的作用是毋庸置疑的。因此，作为高等教育的大学，必须自觉承担起传承传统的使命，这不仅是学生人文素养提高的必要过程，也是倡导文化自信的政治要求。高校教师首先要明确教学目标，在本课程内渗透优秀传统文化的元素，如在教授大学语文课程时，不仅要传授人文历史，更要与时代结合，让传统文化成为现代生活的指路明灯。再如思政课堂中，国家领导人的言论，其实很多都是取材于古人智慧、诗句典故，都是优秀传统文化对今天的独特价值。只有看到这些价值，并将这些价值加以运用、实践，才能永葆文化生机，将个人于时代相结合，不愧于时代

和人民。除了利用常见的课堂教学外，在大学校园里，社团活动是大学生生活必不可少的活动之一，且大学生对于社团活动的参与度往往很高，他们愿意体验一些新奇的事物，也愿意为了提升一些自己的能力，诸如社交能力、组织管理能力、活动能力等，而选择参加社团活动。

在大学生人文素养的培养过程中，如果可以将优秀传统文化合理内化于各种社团活动中将是一个很好的尝试。大学社团活动的开展自由度较高，学校对于社团活动也较为支持，部分学校的社团活动，学生还可以选择自己拉赞助，这就使得大学社团活动的规模广度以及活动自由度有无限可能，对于文化传播和发展是一个很好的平台。且大学社团活动种类数量繁多，大体可分为科技创新类、文体艺术类、体育运动类、公益类等这几大类，优秀传统文化对于这些社团而言都能作为一个很好的活动切入点或者活动思想存在，例如：在文体艺术类的社团中，肯定会有文学社团，文学社团以优秀传统文化为出发点可以开发出很多社团活动，比如"你划我猜"，其内容可以设置为一些常见的优秀传统文化，又或者"优秀传统文化的另一面"之类的知识竞赛活动，可以找一些受众较少，传播度不高的优秀文化来作为题目。这些活动都可以加深大学生对优秀传统文化的认知，而在他们参与活动的过程中，他们的人文知识会得到提高，对于优秀传统文化中体现的人文精神也能感受颇深。优秀传统文化既可以为社团活动的开创贡献出一些新的可能性，同时也能积极培养学生的人文素养，是很不错的二者融合途径。

二、大学生人文素养提升对优秀传统文化的继承与发展有促进作用

优秀传统文化的传播与发展是现代社会每一个人的责任，从文化层面而言，优秀传统文化就是"根本"所在，因此，如何将优秀传统文化继承与发扬光大，成为近几年学者重点关注的问题。传统文化发扬的路径有很多，但不管是何种路径、何种方式，都必然少不了人作为其中最重要的一个环节而存在。没有人的参与，传统文化无人继承、无人使用，陷入空壳的尴尬境地。所以，传统文化要得到发展，当前的主要任务是培养一批拥有高素质的人才，只有这样，传统文化的内涵和意义才能发挥价值，让更多的人领会、运用。而大学生是最符合定位的目标人群。根据目前情况看来，大学生在文化传承方面也有一定的不足和局限性，主要体现在以下几个方面。一方面，由于学生们都被专业知识的学习占满，有大量的理论知识要进行填充，同时也会有很多专业实践活动需要关注，在这种情况下，

大学生精神层面中人文精神的收获就显得微不足道了，尤其现在社会对人才的要求是偏向精英化的，这就导致很多学生都出现了唯分数、唯荣誉、唯技能的狭隘思想，在这种不良思想的引导下，一切事情都是功利化的，因此，学生对优秀传统文化的学习热情大大降低；另一方面，大学生自身对人文素养的培养认识不够，现在很多大学生没有经历过挫折，其独立性和依赖性矛盾并存，并且由于社会开放度和自由度越来越高，现在的大学生普遍有很强的自我意识，因此，如果他们对优秀传统文化的学习热情和兴趣不够，他们就不会去主动积极地去学习，不会有意识地去培养自身的人文素养。为此，高校应多角度考虑，抓住各种机会，向学生宣传人文素养培养的重要性与必要性，努力激发学生的培养兴趣。学生的人文素养一旦有所提高，就会自觉地传播和发展优秀传统文化。尤其现代大学生有很强的表现欲和创造力，他们可以将优秀传统文化进行加工改造，与现代文化进行完美结合，再表现出来，这会使越来越多的人看到表演，感受到其中的精神，产生想要深入了解这些文化的兴趣和热情。大学生人文素养的提升可以为优秀传统文化开创新的传播方式，将其更广更深地发展下去。所以，在大学中开展传统文化教学可以提高学生人文素养、道德素质，人文素质得到提升的大学生，又成为传承优秀文化的接班人和奋进者，两者之间互相促进、互有关联，符合国家文化自信、理论自信的道路要求。

第四节　将优秀传统文化融入大学生人文素养教育

一、充分发挥课堂在文化引导与学生培养中的主渠道作用

高校的课堂是对当代大学生进行教育的主要渠道，绝大部分知识和能力都是通过这一渠道由教师传递给学生的。所以，我们要下功夫发挥课堂教学的教育主渠道作用，找到有效传播优秀传统文化的途径和方法。

课堂作为学校教育的主要场所，其优越性是不言而喻的，它能在有限的时间内让学生掌握课堂主体内容，并在教师与学生、学生与学生的思维碰撞中升华知识，获取能力。因此，把大学生优秀传统文化融入人文素养培育，要重视课堂教学。大学生具有相对独立和完善的人格，正逐步形成自己的价值观和是非观念。优秀传统文化的课堂教学应充分考虑这些因素，对教学资源进行深入的挖掘和拓展，形成具有一定深度和广度的教学内容。

还要改进当前的教学方法，将学生喜欢的教育方式融入我国传统的教育模式才能事半功倍。结合我国优秀传统文化的特殊性，在课堂教学的基础上开展探究学习，与学生形成互动，增加学生的兴趣，让学生有效接受传统文化的知识转化为个人的素养。

（一）完善优秀传统文化教育的课程体系

中国优秀传统文化素养培育要想在当代大学生中得到开展，其中一个最直接、最有效也是最便捷的一个办法就是利用课堂教学进行传授和教育。然而到目前为止，中华优秀传统文化只是在一部分高校成为了公共选修课程，甚至有些高校都还未将其设置成一门课程，从而使当代大学生不能系统、科学地了解优秀的中国传统文化知识。

1. 开设优秀传统文化必修课程或选修课程

为了能使课堂教学这一教育阵地得到充分的有效运用，各个高校可依据学校自身的实际情况对中华优秀传统文化进行传播，可为其开设专门的必修课或选修课，也可将其安排在高校思想政治理论教学中。高校开设传统文化必修课程时，可将中国古代的哲学思想、古典文学鉴赏、古代伦理思想和中国音乐绘画赏析以及古典诗词赏析等作为必修的内容，另外聘请一些相关的专家学者或者教授来学校为大学生传授中华古典精品，诸如《论语》《史记》以及《道德经》等，或者作为一门选修课来开设，选修的内容可以是《中国书法艺术》，可以是《中国传统文化概论》，或者是《唐宋诗词鉴赏》等，多开展一些与传统优秀文化相关的专题学术报告会、知识竞赛、绘画竞赛、中国书法大赛等，通过多渠道多途径让传统的优秀文化在当代大学生中传播，进而使大学生的中国优秀文化这一知识体系得到丰富。

2. 改进优秀传统文化教育教学的内容、方法和手段

大学生思想政治教育工作者要结合形势需要和对大学生的培养目标对中华优秀文化教育进行改革和创新，一定要与时俱进。教师在传授中华优秀传统文化教育时，能够针对当代大学生所关注的焦点、热点以及难点问题，并能针对这些问题寻找出一突破口，以此利用优秀传统文化进行解决，这样不仅能陶冶大学生的情操，还能让他们对善恶美丑的辨别和分析能力得到不断提高。对大学生进行优秀传统文化教育时，教育内容不能太过单一，应不断将其知识体系进行扩充，增加传授量，从而使大学生的优秀传统文化知识功底更加扎实；教学方法和教学手段应该深入浅出和循序渐进，让现代化的教育教学技术手段和多媒体得到充分利用，应多采用一些喜闻

乐见的方式方法，学生也会更容易接受和学习，这样不但使大学生的传统优秀文化素养得到培养，而且还使中华优秀的传统文化得到更好的继承和弘扬。

（二）提高教师的优秀传统文化素养

培育当代大学生的优秀传统文化素养的工作，决定这项工作成功与否的一个关键因素就是需要有一支专业的教师队伍。这支教师队伍的主要力量应该包括国学专家、专业理论课教师、辅导员和学生工作者，在建设这支教师队伍时，要培育教师的优秀传统文化，让优秀传统文化的光芒在教师身上得到体现，这样传统优秀文化的精髓就能在潜移默化中影响当代大学生的在学习和生活，进而培育自身的优秀传统文化素养。

1. 优化教师队伍结构

中华优秀传统文化要想融进高校的德育工作，其实现过程靠的是高校工作人员和教师的共同协作和努力，首先要让他们认同中华的传统的优秀文化，并成为其追随者；接着，他们才能为传播中华优秀传统文化的实施者。因此，我们要先培训高校中的教师和工作人员，来达到队伍结构的优化。培训前我们对不同年龄段和不同职称不同专业背景的教师进行选拔，再做专门培训，这样队伍结构便得到了优化。

目前，高校中思政工作者的能力和素质不一，在互联网络高速发展的今天，高校的德育工作应适应当前的新形势，所以培训前，先进行选拔工作，然后将选拔出的专职思政教师和德育工作者进行思想上的理论知识培训，夯实自身理论知识基础，将我国优秀传统文化理论结合其中，通过专业培训进行对其自身的传统优秀文化素养的提升，这样中国优秀的传统文化才能更好地传授，教育大学生人文素养的目的，坚定他们的信念。综合考评他们的工作实绩，从而使其优秀传统文化素养得到提高，这样工作能力也跟着得到提升，用自身魅力感染学生，进而让大学生的优秀传统文化素养有所提高。

2. 提高教师队伍素质

通过对专职教师和高校工作者的培训，只是初步将优秀传统文化引入到了大学生的德育工作中，加强教师的具体工作实践，让他们将培训所得带到实际的学生工作和课堂中切身体会，才能激发他们的工作热情，对培育当代大学生优秀传统文化素养形成认同。

可以通过推荐书单将国学大师请进学校为教师开设专门讲座，组织教师参观走访具有我国传统文化特色的地方。同有研究过传统文化的学生进行多交流与接触，交流会可以定期进行，这样教师就可以在交流会上将自己的心得与直观感受分享出来，这样教师就会对中华优秀传统文化的认同更加深入，能自觉地将我国优秀传统文化融入课堂教学中，实现价值的传递过程。对大学生开展优秀传统文化素养培育要充分考虑新形势下大学生的性格热点，将不同年龄段的学生进行针对性的补充，分院系分年级的开展不同程度的专项研究和学习讨论，培养学生的兴趣，为培育大学生的优秀传统文化素养提供客观依据。

3. 凝聚教师队伍合力

培育当代大学生的优秀传统文化素养的过程，并非只是简单、抽象的说教，除此之外是要让学生对我国传统文化精神有所感染，达到心灵上的共鸣，只有这样才能更好地将优秀传统文化的精髓吸收，转化为实际行动，塑造自身的优秀传统文虎素养。

我们可以依托项目或导师平台，可以借助课题的研究，让高校中思政教师和工作人员运用它们的理论知识和实践能力，围绕培育大学生优秀传统文化素养这一命题，在培育内容和培育途径等关键问题上，纳入项目在过程中反复的交流、实践，探寻合理方式。对于高校的人才培养十分重要的是，高校教师只有将以文化人、立德树人做到位，才能充分发挥人才优势。搭建一个导师教育模式，直接对本校优秀教师进行培养，让其攻读并拿下相关专业的博士学位，同时将国内有影响力的国学大师聘请过来组成一个讲师团来授课，与大师之间实现对接。另外，要围绕当前新形势下高校学生工作的特点，通过对中华优秀传统文化素养的培育对大学生的德育工作进行典型案例分析和教学实绩的考核，让专职教师与工作人员的教学能力得到提升。定期和学生面对面交流，倾听学生的心声和看法，并将问题分类归纳，定期进行工作上的交流并提出问题的解决方案，这样教师的工作能力也会得到提升，以便更好地解决在实际工作中遇到的问题。多种措施要同时进行，为培育当代大学生的优秀传统文化素养提供良好的平台。

（三）拓展优秀传统文化教育的方法手段

随着互联网的迅猛发展，我们的工作、学习、生活也离不开网络这个大环境，与之相适应，网络文化也成了大学生日常生活的一部分。大学网络文化环境和大学网络文化活动是中华优秀传统文化融入大学生的德育工作的基本要素，建设和谐健康的高校网络文化是培育当代大学生优秀传统文化素养，更好地让优秀传统文化融入高校的德育工作。

1. 营造积极健康向上的大学校园网络文化氛围

如何利用现代化的科技手段和信息传播途径将健康的思想文化传授给大学生，让大学生主动并积极地接受，对我们的高校课堂提出了更高的要求，即现代化的科技手段要合理、多渠道的利用到优秀传统文化的传播中去，把握好主动权，结合图文并茂的影像资料让学生在不知不觉中接受传统文化的熏陶。

以往的教学多以教师个人控制课堂为主，学生都是被动地接受知识，而利用多媒体技术后，改变了教师的授课方式，让师生在网络的交互环境下进行体会学习，这样学生可以主动并积极地获取知识，教师的教学效果也因此得到了提升。科技社会，网络多媒体教学已是高校教育的重要手段，网络也是大学生生活学习的必须，所以，大学校园网健康发展尤为关键。网络给教学带来了突飞猛进的发展，也丰富了大学生的生活，拓展了其视野，但网络上的不健康信息也会影响成长中的大学生，大学校园网络环境建设是保障大学生健康成长的保护神，网络信息主管部门的维护、监督和管理也要与时俱进，健康的大学校园网络文化环境是提高大学生素质的保障。

2. 大力加强高校校园网络新兴阵地建设

大学校园网络环境影响着大学生的成长，打造中华优秀传统文化精品网站是诸多高校的选择。"中国大学生在线"网站是高校网络文化建设的一面旗帜，该网站率先在网上开展了一系列有利于大学生身心健康成长的活动，是大学生进行思想品德教育的典范。高校可以予以借鉴。中华优秀传统文化教育是当前高校教育不可分割的一部分，名家书画，演讲都可以通多网络来进行，无论是文字、图像，还是声音等都给大学生身临其境的感觉，传统文化教育事半功倍。

3. 积极通过网络向大学生宣传推介优秀传统文化

高校主管部门和大学生思想政治教育工作者是高校优秀传统文化教育的主力军，高校要利用网络平台，构建微信公共平台，利用微博、QQ进行中华优秀传统文化宣传工作，及时与学生交流，答疑释惑，解决学生对传统文化的困惑，对成长的迷茫。与此同时，大学生思想政治教育工作者也可以借助其他网络形式，围绕中华优秀传统文化，进行学习比赛，形式可以多样化，诸如交流学习心得，客串历史人物，重温历史典故，讲授成语故事等，使大学生融入传统文化氛围中，从而提高其对中华优秀传统文化的学习兴趣和效率。

二、通过优秀传统文化激发学生提升人文素养的内在需求

在培育大学生优秀的人文素养的过程中，高校要充分发挥大学生的主体作用，通过优秀传统文化的引导作用激发学生的主动性。大学生是具有独立意识和思想活跃的个性，要想有效地培育大学生个人的优秀传统文化素养，就要打破传统的课堂教育模式，使大学生变被动接受成为教育中的主体，由被动学习变成主动追求。这样，才能充分体现大学生的主观能动性，提高其学习效益。

（一）提升当代大学生对优秀传统文化的认知度

优秀传统文化教育虽然占据高校教育一角，但在传播过程中出现了明显的不足，首先是大学生对我国优秀传统文化价值的观念淡漠，再者，大学生觉得现代生活与优秀传统文化关系不大。这种认识和理念严重影响了大学生人生观、价值观和世界观的健全。究其原因，高校以及上级主管部门负有一定责任。对此，一方面我们要通过课堂教学加大教育引导的力度，将传统文化教育列入教学计划中，使大学生真正了解我国优秀传统文化的精髓，通过对优秀传统文化的学习，提升自身素质，一方面学习传统美德，一方面变成传统文化的使者，把优秀传统文化带出课堂，融进社会；传统文化也被称之为国学教育，现代社会更需要传统文化的滋养。国学教育，让大学生对中华民族历史有了更清楚的认知，传统文化的博大精深，使大学生喜欢并痴迷，其中所蕴含的哲学、文学等元素是大学生成长的营养精华，传统文化中传达的民族精神和气节，令每一名大学生具有强烈的民族自豪感，高校积极创造和提供大学生对我国优秀传统文化的认同的实践环境，大力宣传优秀传统文化，组织演讲，比赛等校园文化活动，提高大学生对优秀传统文化的兴趣，进而提升其对传统文化的认知，展示传统文化应有的魅力，激发大学生的民族自豪感、自尊心，增强民族认同感。

通过高校师生的共同的努力，优秀传统文化的影响力愈加深远，大学生对传统文化的认知带到社会，其他人也受到优秀传统文化的熏陶。要将会学习、会做人的优秀传统文化作为切入点，并逐步深化，以培养社会主义事业接班人为目的，有条不紊地进行道德思想教育，提升大学生的综合素养，帮助其确定正确的人生目标，视国家民族的利益高于一切，为民族

振兴，国家富强夯实基础。

（二）增强当代大学生学习优秀传统文化的主体性

高校为了塑造让大学生能够有一个更好的生存环境，并在环境中促使大学生更好地、全面地发展，在教育中应突出大学生的主体性，尊重大学生的主体地位，启发大学生对于自身的主体地位、主体能力和主体价值的认识，调动大学生的主动性、积极性、自觉性和创造性，以大学生为主体，以教师为主导，以师生合作为基础。对大学生的优秀传统文化素养的培育，是时代的需求，而进行传统文化教育，要根据大学生的年龄和身心特点进行，首先要激发大学生对传统文化的兴趣，进而提高其对历史的认知，使大学生变为学习主体，主动学习并参与，通过系统的学习，提升其素质，成为自强不息的好青年。各种各样的传统文化学习活动，其目的，是将大学生融入传统文化中，提升民族凝聚力。

在培育过程中，要改革传统的教师教、学生学的旧的教学模式，善于调动大学生的主观能动性，注重参与，积极探索和开拓新的教育途径，教育活动的内容要注意增强内容的理论性、现实性、客观性和实效性，变封闭教育为开放教育，变单向灌输为双向交流，充分运用互动式、体验式、咨询式等教育方法，加强优秀传统文化素养培育的实践环节，在加强教育的基础上进行创新，保持优良的学习方式，融入先进的多媒体教育，促进大学生的主观能动性的进一步提高，使优秀传统文化成为大学生成长的必备食粮，以帮助大学生成为德智体美劳全面发展的现代化建设人才。可以在学校举办的传统文化教育活动中，让大学生自己组织，培养其责任感和工作能力，搭建交流学习平台，让大学生在实践中进步，在交流学习中提升自己的思想，正确看待历史，学习别人的长处，弥补自己的短处，使自己的身心愉悦的成长，这也是优秀传统文化的魅力所在，民族精神和民族情感的外化，转化为自身素养。

（三）提高当代大学生优秀传统文化素养的实践性

提高大学生道德修养，培养其实践能力势在必行。优秀传统文化是民族生存的瑰宝，先民在儒家文化中，提出了"自省"与"知行统一"是道德修养的要旨，个体自我修养的内容也十分丰富。自省就是通过自我意识来省察自己言行的过程，是孔子提出的一种道德修养的方法。孔子的学生曾参是"自省"的典范，他说："吾日三省吾身，为人谋而不忠乎？与朋友交而不信乎？传不习乎？"孔子在《论语》中对"自省"进行了完美的诠释："三人行，必有我师焉。择其善者而行之，其不善者而改之。"成为华夏子民的制胜宝典，自省发人深省，大学生要时刻进行自省，严格要求，律己修身。《大学》中说："自天子以至于庶人，壹是皆以修身为本。"意思也是说人的生存和发展要通过修身来实现身心的和谐。加强大学生自我道德修养要提倡知行统一，要身体力行付诸行动，要借鉴儒家"积善行德""勿以善小而不为，勿以恶小而为之"的人格修身方法，养成良好习惯，做一个道德高尚的人。

为了让当代大学生的综合素质得到更好的提高，有必要加强高校的校园文化建设。为此，大学电视、报刊和广播以及校园网络等设施和校园文化活动制度一定要建设完善，大学校园内的人文环境以及培育工作要得到高度重视。

1．校园文化基础设施建设融入优秀传统文化元素

建设有特色的大学校园文化，最重要的一点就是要有良好的大学校园文化基础设施，有利于大学校园文化、高校特色的弘扬以及对大学精神的凝练。当前，我国各个高校的优秀传统文化教育还是非常薄弱的，为了能适应现代社会发展的形势和教育改革浪潮，我国高校可以将中华优秀的传统文化元素融入到校园文化建设中来。对校园文化基础设施进行建设前，先要做好以下准备工作：一是集思广益并做深入论证，倾听相关专家学者的建议，力争将优秀传统文化的相关因素充分融入到校园文化基础设施建设中。二是各高校宣传部门利用现有的各种舆论平台做好宣传工作，如微博，微信，论坛，多媒体等，从而使大学校园文化的"硬"环境变得让学生喜闻乐见。

2．营造利于大学生学习优秀传统文化的良好氛围

大学校园文化包括校园物质文明与校园精神文明两个部分，它的形成是高校校园的所有成员通过长期办学一起创造和努力的成果，其主体是大学师生文化活动，文化底蕴是大学校园精神。而高校校园文化的一个重要组成部分就是中华优秀传统文化。所以只有营造出一个良好的优秀传统文化元素，才能使大学校园文化得到强化。为了能让中华优秀传统文化时刻包围在大学生身边，各个高校应积极营造出一种良好的学习氛围，使之有利于大学生积极主动地学习中华优秀传统文化，而这种学习氛围的营造可以通过组织一些校园活动来实现，这样不但能使学生对中华优秀传统文化产生学习兴趣，还能在实践活动中更为深入了解中国优秀的传统文化。

3. 形成完善大学生优秀传统文化活动体制机制

优秀传统文化要想得到长期宣传，最重要的一个环节就是建设好优秀传统文化活动机制。因此，高校要对优秀传统文化活动机制进行不断完善，使之适应国家和高校的发展要求，通过不断修改和完善使机制具有长效的约束力。为了能让学生时刻感受到校园内拥有十分丰富的优秀传统文化教育资源，高校应定期开设一些有关中华优秀传统文化的知识讲座，邀请国学专家来客串；应将一些优秀传统文化的名人名言、相关图片或者警句悬挂在教室和宿舍走廊以及校园其他地方；还应定期举办一些与中华优秀传统文化有关的各种校园活动，如文艺演出、经典影片展播、经典文学朗诵会以及演讲比赛等。以此让当代大学生感受到学习优秀传统文化是有十分宽广的舞台的。

三、通过教学改革与创新拓展大学生传统文化素养培育路径

（一）学科交叉法

学科交叉法是指在人文素养教育过程中教育者充分挖掘和整合不同学科中有利于受教育者丰富人文知识、提升人文素养、形成人文精神的素材的方法。也就是说高校教师在实施教育时需有多学科的视域，从学科上进行比较透彻而全面的领会和思考，并聚焦于文与理、文与文等不同学科的交叉结合部，从中研究寻找人文素养教育的素材和资源。高明的教育者善于利用自身积累的知识优势，发展学科交叉的切人入点，及时开辟新的教育内容和方向。更新教育内容意味着突出时代、反映前沿、追踪发展和学科交叉。教育者不能只看自己所托学科的教材和图书，而应关注相邻学科及其结合部，不断学习相关学科和交叉学科知识，建立交叉学科教学项目，着眼从单一学科角度无法充分分析的主题的学习研究，形成一种学科交叉的教育视角。

学科交叉方法可以帮助于教育者扩充教育视域，更新教育内容，提升教育层次，达到人文素养教育的新颖性、前沿性、学理性；还有助于受教育者即大学生培养学科交叉的思维习惯，赋予未来的公民和领袖以足够的知识，分析、评价及综合不同来源的信息以得出合理的决定。

（二）经典阅读法

经典阅读法历来是人文教育的最基本电是最重要的方法。经典是历史

留给人类的精神遗产，它体现着深层的价值建构，并将改造着我们的价值观和德性。一个著作要称得上"经典文本，至少要具备以下两个条件：第一，它的思想内容具有原创性和独特性，具有某一个领域的典范意义；第二，它应该在一定范围内产生过深刻的和长远的影响，不断地被人们阅读、讨论和批判，成为各种新思想的源泉。

当前这个时代是对经典阅读带来挑战的一个时代，当今社会的价值观念呈现出多元化的特点，各种思想并存，经典引起人的关注度以及对人的影响没有以往的时代大。另外，随着现代快节奏生活的出现，社会正在由"读书时代"向"读图时代"转变，人们反对深刻，热衷浅显，当代大学生的阅读取向出现实用化、时尚化、点式化的特点。

我们要让大学生充分理解读经典的价值，就必须让大学生接受持久的人文社会科学的熏陶。让大学生明白，工具理性并不是理性的全部，价值理性对人生具有更深远的意义。读书就是学习人文社会科学的最好途径。文字的阅读和接受是一项复杂的高级的脑力劳动，是人类训练和提高自身思维思辨能力的最重要的手段。尤其需要强调的是，经典阅读更是一个民族传承文明最根本的途径，也是每个国民提高自身素养最有效的手段。名著具有不可忽视的精神力量，读一本理论名著胜过读一百本普通的书籍，作为大学生应该自觉地向名著特别是理论名著靠拢，自觉地吸取前人的思想精华。

作为经典阅读的前提，要进行经典书目的筛选和推广。阅读前要为大学生开设合适其阅读的经典书目。经典书目的选择要体现三个特点：一是经典性，科学梳理出集中人类文明思想的精华的读本；二是循序性，能够由浅入深，由一般到个别，合理铺设经典阅读的阶梯；三是多样性，整合人文视野，调配出多口味的文化大餐。经典书目列出来之后，还要进行宣传推广，让大学生普遍知晓。

在经典阅读的进程中，需要教师的引导和同学间的交流。指导学生阅读可以和讲解报告、谈话、讨论和辩论等活动结合进行，学校有义务营造一种好读书、读好书、读书好的氛围，通过举行读书报告会、座谈会、讨论会、读书沙龙等来引发大学生读名著的兴趣，逐步培养一种追求高尚情操和高尚人生境界的能力。交流与写作是对经典阅读的有效延伸。在阅读经典时要带着自己的观点去阅读才能真正把书读透。阅读后要加强阅读者之间的交流，大学生之间通过讨论和辩论能够构成一种刺激，通过交流、交锋能对很多问题加深理解，以达到共同提高思想认识、提高分辨问题能力的目的。写作是更为严谨和深刻的阐述自己的思想和观点的方式，写作可以锻炼人的逻辑思维能力，也能够促进人的形象表达能力。西方通识教育中非常注重对学生表达能力的培养，口语交流和写作是大学通识教育中基本课程中的两门重要课程，是所有大学一年级学生的必修课。

（三）中西融合法

中西融合法是指人文素养教育者充分挖掘和整合中国与外国文化中精华部分和积极因素，获取人文素养教育素材的方法。一个人学的人文素养教育承担着传承和光大民族文化传统的责任。这种传统的伟人之处之一即在于帮助参与其中的人们将传统生活化、日常化，从而建立属于自己的文化认同。而文化认同的建立应该有海纳百川的胸襟。

人文素养教育的全部功能不仅在于传承培养传统、建构文化认同。还在于了解传统、确立自己的身份之后，反过来更有可能鼓励文化多元，培养国际视野。尤其是当中国学府、学生出现在国际交流的舞台，便更加迫切地需要接受人文素养教育并以此了解"文化多元"的意义。合格的人文素养教育带来的文化认同，在全球化的语境下，多多少少带着"文化多元"的色彩。

因此，中国的人文素养教育者应关注西方通行的现代科学教育与人文素养教育的融合的精髓，引导学生主动发现所在学科的人文性，欣赏国内外名家的人文论述，开发具体学科中的人文内涵，是培养学生人文精神的有效途径之一。在教学过程中，可以结合教学内容为学生展示中外学者对学科知识、实践的不同观点。由此，人文内涵不是仅以中国独有独大的东西被简单地推崇，而是将其合理地搁置于现代学科教育的框架之内，作为专业教育活动的一种有机构成要素被吸收、消化、融合。

（四）就地取材法

就地取材法是指利用当地文化资源进行人文素养教育的方法，即高校教师在实施教育时应注意发掘本国、本省特别是本地、本校的教育资源，选取靠近师生身边具有代表性的文化载体，如事件、人物，加以去粗取精、去伪存真、由表及里的分析评判，以达人文素养教育特定效果的方法。

传统文化中的各地地方文化，如乡土地理、民风习俗、历史人物、生产和生活经验等，是中华文化的重要组成，是中华文化形成和发展的土壤。利用就地取材法可以实施一种内容极为广泛、密切联系地方实际的有鲜明地方特色的人文素养教育。可以根据当地的政治、经济、文化、民族等发展需要，利用地方人文资源而开发，反映地方社会发展实际及其人才培养的需求，实现与学生的现实生活发生多方面的、多层次的联系，重建学生的精神生活，真正赋予学生生活的意义价值，让学生成为学习活动的主体、个体生活的主体和社会活动的主体。

（五）古今搭桥法

古今搭桥法是指人文素养教育者以传承和扬弃的态度，从历史典籍和传统文化中充分挖掘和整合不同历史时期人文素养教育素材的方法。

第一，知古守根。现实是历史的延续，它本身也要演变为历史。在很大程度上，人文素养教育必须回归、再造传统，到历史中去寻找可资批判继承与参考借鉴的人文遗产。我国传统文化中有着取之不尽的人文素养教育资源，产生过众多杰出的圣贤，他们怀着卓绝的理想，持有坚定的信心，表现出了自强不息、超凡脱俗的精神境界。重新激活这些资源，让他们在现代大学的人文教化中发挥作用，是现代教育弘扬人文精神的重要内容，也是富有时代意义的课题。教育者要有针对性地改革教育的僵硬模式，在及时反映当代中国马克思主义发展的最新成果的同时，将人文素养教育的精华融入其中，并不断丰富教学形式，以增强教育的吸引力和感染力。

第二，知今守望。要把人文素养教育与当代社会现实及大学生实际紧密结合起来，从实际出发，根据学生知识结构和接受心理，有计划、有针对性地进行循序渐进的教育，并在教育方式上有所调整和创新。在教学内容上，要打破传统的程式化条块分析模式，注重挖掘人文精神，使学生在潜移默化中受到优秀的人文精神的熏染，将传统文化与学生人文素养培养结合起来，充分发挥人文素养教育的功能，用传统文化的麟髓凤乳滋养学生的精神生命，使其内化为学生的精神品格、气质修养。在教育手段上，要采用现代教育技术来普及传统文化，从而增强教学效果。让他们在接受西方文明的同时更感受到与之相比毫不逊色的中国优秀传统文化，掌握学术知识之余也提高自己的精神修养。

第六章 中华优秀传统文化与大学生科学素养

大学生科学素养的理论分析是本文的研究基础，通过本章中对科学素养的概念、结构、功能的分析，可以帮助我们了解大学生科学素养的内涵、特点和差异，从而为后文中大学生科学素养培育的思路和途径的研究提供依据。

第一节 大学生科学素养

一、科学素养

"科学素养"或"科学素质"，是"Scientific Literacy"两种不同译法，我国学术性或政策性文献中分别使用，没有实质上的差别。本文所讲的"科学"是对客观事物正确认识和理解的知识体系，是自然科学。《语言学辞典》里解释，"素"是"平常"，"养"是养成、修养，"素养"就是长期以来逐步形成的养成或修养。"科学素养"指人们长期在科学方面逐步形成的养成或修养，其概念是动态发展、理解多元化、渐进的。

追溯科学素养理论历史，自从著名教育改革家、原哈佛大学校长科南特 1952 年在《科学中的普通教育》提出"科学素养"以来，国内外有关科学素养概念内涵、结构模型的探讨与争论持续至今：

（1）20 世纪 80 年代中期，美国在著名的《2061 计划》中对科学素养的定义为："熟悉自然界；尊重自然界的统一性；懂得科学、数学和技术相互依赖的一些重要方法；了解科学的一些重大概念和原理；有科学思维的能力；认识到科学、数学和技术是人类共同的事业，认识它们的长处和局限性。同时，还应该能够运用科学知识和思维方法处理个人和社会问题。"

（2）国际经济合作与发展组织（OECD）在 2006 年国际学生评价项目 PISA 中对科学素养进行了描述："科学素养是一种能力，能够运用科学知识来发现问题、得出有证据支持的结论，以便有助于对自然界和人类活动对其造成的影响的理解和决策。"

（3）我国《全民科学素质行动计划纲要》指出："公民具备基本科学素质一般指了解必要的科学技术知识，掌握基本的科学方法，树立科学思想，崇尚科学精神，并具有一定的应用它们处理实际问题、参与公共事务的能力。"

科学素养作为一个动态开放的概念，研究角度不同，定义和结构模型存在发展性和多样性，表现出不同的作用和功能。尽管学术界尚存诸多争论，但科学素养的核心内涵，即具备与科学有关的知识、能力、思维习惯的修养，能正确认识"科学是什么"（概念、原理和理论），"科学怎么样"（科学的过程），"科学为什么"（科学的本质），"科学怎么办"（科学、技术、社会的关系）等内容，已成为人们的共识。经过半个多世纪的发展，目前国际所采用的科学素养的基准是由国际公众科学素质促进中心主任、美国芝加哥科学院副院长米勒（Miller）教授提出的科学素养的三个基本标准：一是对科学术语和基本概念的基本理解；二是对科学研究方法和过程的基本理解；三是对于科学技术对社会和个人所产生的影响的基本理解。他的这一观点目前在国际上基本得到普遍认同，并成为我国及其他许多国家公众科学素养调查的理论依据。根据测试指标和评估体系，达到这三个基本标准就被认为具备了基本的科学素养水平。

二、科学知识与科学素养

科学教育在其发展的历史过程中，不但形成了一种按学科进行专业化教学的模式，而且显示了科学作为一种文化在教育中被开发与利用的历程。可是在这一过程中，科学教育是否向其教育对象完全展现了它自身的价值呢？要回答这一问题，首要就是了解科学的结构，剖析科学的实质。

在斯诺的《两种文化》中这样说，"科学是一种文化，不仅是智力上的一种文化，而且还是人类学上的一种文化。"我们可以从科学哲学的角度来这样理解，完整的科学知识可以被分为"形而上"与"形而下"两部分内容。"形而上者谓之道，形而下者谓之器。"因此，所谓"形而下"，即科学的器物层面，指的是科学在知识、方法、器物、技术层面上的内容。它所体现的是科学的工具价值。而科学的"形而上"的部分，即它的"道"这一层面，指的科学作为一种文化所体现出来的精神价值，在教学生学会如何做人、如何思考中发挥着重要的作用。

具体来讲，科学的"形而下"部分主要包括以下几方面的内容：科学知识与技能、科学方法等；而其"形而上"则包括科学思想、科学伦理、科学精神以及科学美等。当然需要说明的是，这几个方面相互间并不是独立的、水火不容的，而是相互渗透的，统一于科学知识这一整体之下。

科学知识与技能是科学知识中最基本的部分。因为科学首先就是智力意义上的一种文化，科学最基本、最稳定的特征就是以真理性的知识体系出现的，真理性的知识是科学"真"的首要体现。它对于使人类更好的生活具有重要的意义。可以说，我们今天生活的世界，从衣食住行到工作就业，从家庭到社会，从生产部门到政府部门，到处都打上了科学知识的烙印。对这些科学知识一无所知的人，怎么能够谈得上适应和享受现代生活呢？更谈不上去创造新的生活。很难设想，一个对数理知识一窍不通的人能享用家庭电脑，更难设想，一个不知道光纤、超导为何物的政治家能做出合理的经济、科技发展决策。因此，使学生掌握科学知识与技能是科学教育中必须重视的关键环节，只有这样，才能在促进学生的智力发展的同时，不断提高学生对客观世界的认识能力。

可是，科学知识与技能方面的教育在不少的文献中被批判，认为其在科学教育中被过多的重视，是在一种功利化的价值导向下得到发展的，是科学知识异化的罪魁祸首。而我们认为，如果说科学知识对于我们生活的这种实际意义是一种功利性意义的话，那么这种功利性是不应该被贬低和削弱的，而应予以弘扬和加强，因为提高人类

生活质量是科学知识得以存在和发展的最根本原因。而要做到避免科学的异化，使科学为人类提供健康的生活，就需要我们在强调这种功利性的同时，不能忘记凝聚在科学知识之中的智慧因素，只有这样，我们才可以超越科学知识的功利层面，进入一个更为广阔的天地。

科学方法便是其中的一个方面。所谓科学方法是指人们在科学研究中所遵循的途径以及所运用的各种方式和手段的总称。掌握科学方法就是为人类提供能够有效地认识自然和改造自然的必要的工具和手段。从这个意义上讲，掌握科学方法具有比学习科学知识更大的稳定性和更普遍的适用性。一方面，人类掌握了科学方法就能更快地获得科学知识，更透彻地理解科学规律，了解它们产生、发展的本质原因，理解科学过程；另一方面，人类一旦将科学方法内化为自身的思维和行为方式，灵活运用知识的能力就会大大提高。所以，科学方法实际上是知识转化为能力的桥梁。

无论是科学知识还是科学方法，都是科学知识的重要组成部分也是我们在科学教育中必须重视的部分。可是却不能将科学教育狭隘地局限于此，

而忽略了科学知识中"形而上"部分的教育，即包括科学思想、科学伦理、科学美、科学精神等方面在内的教育。否则，我们便难以培养学生的科学世界观，难以推动科学探索和科学事业向更高层次的发展。下面将就这几方面的内容分而论之。

第一，在具体的科学事实、科学定律、科学理论中，体现着人们对自然及科学本身的基本看法的科学思想。以辩证唯物主义思想观点为核心和基础的科学思想，能够对人类的思维方式产生深刻的影响，塑造着人类科学的世界观和人生观。

首先，科学完整地展示了世界的物质性，有助于人们全面的理解"物质第一性，精神第二性"这一唯物主义的基本原理。自然科学所取得的全部成果，都是在不同层次上，勾画出物质世界的图景，告诉人们，物质是世界的本源。不但如此，科学还更好地使人们认识物质世界存在的客观性。认识了尿素的合成原理，谁还会盲从"生命力说"？懂得了生命是蛋白质与核酸的存在方式，懂得了达尔文的进化论，谁还会相信"上帝造人说"？

其次，科学能够加深人们对于辩证法的核心规律——对立统一规律的认识。使人们更好的理解矛盾的斗争性和同一性，理解矛盾的普遍性和特殊性，理解矛盾双方的转化。在数学中，正数与负数、指数与对数、微分与积分；物理中的作用与反作用、静止与运动、溶解与凝固等等，都是自然界的对立统一在科学中的生动体现。

总之，科学思想对于人们理解辩证法的诸多范畴都具有重要的作用，因此，要很好地确立辩证唯物主义世界观，必须很好的掌握蕴藏于科学中的科学思想的丰富内涵。

第二，在科学实践活动中体现着人与社会、人与人之间关系的科学伦理。科学伦理指的是科学共同体在长期的实践过程中积累起来的一系列的优良的科学工作规范与准则。它与科学思想之间存在着不可分割的联系，因为树立正确的世界观、人生观以及价值观对于形成良好的社会责任感、道德品质以及行为习惯都是至关重要的。同时，科学伦理也不是孤立于社会公德之外的"孤魂"，而是社会公德在特定的科学活动中的特殊表现，二者在本质上是相通的。周川将科学伦理的多方面的表现概括为：公（无私奉献）、诚（实事求是）、勤（自强不息）、勇（大无畏的气概和百折不挠的意志）、廉（安心简朴，宁静致远）、谦（为而不恃，功成不居）、和（团结协作，携手共进）七个方面。实际上这七个方面也是社会公德的重要组成内容。从一定意义上讲，科学伦理是整个科学发展的动力系统。在科学教育的过程中，结合科学史上的典型事例，加强对学生的科学伦理的教育，对于学生的道德品质教育有着更为直接的榜样作用。同时，科学伦理教育还维持并支配着知识的获取和能力的发展，影响到一个人所能达到的科学知识与能力的水平。

第三，体现科学共同体高级情操的科学美。虽然席勒和黑格尔等人认为"只有艺术美才符合美的理论的存在"，甚至有人认为科学不但没有美，反而破坏了美，但是随着人们对科学与美认识的深化，科学中蕴含着美越来越被接受。美被认为是科学的本质属性之一，科学美具有比自然美更丰富更深奥的内涵。在蒋家琼的博士论文中对科学美做出如下界定："所谓科学中的美，是指科学知识内部蕴藏着的人类在长期的科学实践活动过程中创造出来的、集中体现和反映人认识世界改造世界的本质力量的文化因子。"同时她也指出，只有具有较高科学素养水平的主体才能够感知和欣赏到蕴藏于科学知识中的美，才能够在科学领域中做出美的创造。彭加勒在其名著《科学与方法》中，也集中论述了科学美，认为科学美在于其"深奥的美"，即"潜藏在感性美之后的理性美"。实际上只要翻开现代科学发展史我们就会发现，几乎所有的现当代科学家都深信科学中美的存在，因为他们在科学研究中对于科学美都有深刻的体会，并且在科学实践中都在努力追求这种美。体现在科学中的美大致被认为包括以下几个方面：和谐美，简洁美，对称美，新奇美，崇高美等几个方面。

第四，综合体现于科学知识、科学思想和科学方法等各个层面和环节的一套规范和价值的综合——科学精神。作为科学的灵魂，科学精神具有丰富的内蕴。它是科学知识的客观性、科学思想的合理性以及科学方法的有效性的根本保障。因为无论是科学知识、科学方法还是科学思想、科学伦理、科学美，最终都内化体现为人的精神品质，即科学精神。美国当代著名社会学家默顿认为科学精神主要体现在如下 4 个方面：①普遍性（Universalism），即科学不存在特殊权益的根源。②公有性（Communism），即科学是公共的知识，所有的人都是可以利用的。③无偏见性（Disinterstedness），即为科学而科学。④有条理的怀疑性（Organized Skepticism），即科学家们对已有的科学理论总是持有根据的怀疑批判态度。默顿的论述实际上是通过对科学知识的一个总体把握，为我们勾勒出科学精神所涵盖的大致内容。而科学精神作为科学知识结构中最为稳定的要素，是科学的深层哲学和文化内涵，其内容是具体、丰富的。我们力求在能够抓住科学精神本质内容的基础上，将科学精神大体概括为如下的三个方面：理性的实证精神、批判的怀疑的精神、开放的创新精神。

理性的实证精神首先是一种客观的态度，指的是以实事求是的科学思想为指导，在思考和研究中尽力地排除主观因素的影响，使人们能够不断清除遮蔽真理的障碍，不断地摆脱蒙昧，尽可能精确地揭示出事物的本来面目。同时，理性的实证精神的另一个重要方面表现是承认阶段性真理的可错性，对于不同的学说采取的是一种宽容或建设性的态度。

批判的怀疑精神实际上是追求真理的一种表现，是科学不断向前发展的关键，是理论创新的动力。科学承认人的理性是有限的，因为人对世界的认识发展过程中，不仅有观测的不精确，以及观测所依据的理论的可靠性等问题需要质疑，而且从事实跨越到假说和理论往往没有直接的逻辑通路，是一种理论尝试，需要对其前提、推演和结论做出批判性的反思。因此，只有具备批判的怀疑精神，人们才能够独立的判断和思考，否则将陷入盲从和轻信。

如果说批判的怀疑精神是科学精神中"破"的一面，那么开放的创新精神就可以说是科学精神中"立"的一面。科学贵在独创。对真理的追求，使科学从一开始就有一种再鲜明不过的开放的创新精神。在科学研究及其进步中一贯主张兼容并蓄、允许求同存异，强调在真理面前人人平等，绝对不可以势压人，而没有创造，单单的复制、模仿等在物质生产中惯用的方法在科学中是不可取的，是没有任何意义的。

科学知识所包含的这些层面的内容，都要通过科学教育内化到人的身上，成为个体素质的重要组成部分，即科学素养。所谓科学素养，我们认为，就是指个体在接受了一定科学教育的基础上，通过对科学知识的理解与内化，最终所形成的具有某些共性的思维和行为习惯。可以这样来理解，科学素养是科学知识在人身上的内化和积淀，它在本质上与科学知识是"同构"的，包括对科学知识与技能的学习掌握，对科学方法的理解与运用，对科学思想和科学美的感悟，对科学伦理的遵循以及在此基础上对科学精神的内化。同时也可以看出，对于接受不同层次科学教育的群体来说，所具有的科学素养水平必然是有所差异、有所侧重的。关于这一点，本文将在下一章中对于一般公众（在本文中指的是接受高中阶段教育以下的公民）以及理工科大学生的科学素养在比较的基础上进行详细的论述。

三、大学生科学素养的内涵

根据对科学素养含义的理解，本文认为大学生科学素养是指：大学生在掌握了一定的科学知识、科学研究方法和科学能力的基础上，以求实原则、理性思维的科学精神来探索真理、服务社会。因此，大学生所具备的科学素养应该是体现在增长科学知识、运用科学能力、掌握科学方法、塑造科学精神和形成科学品质等方面的技能和水平，是评判大学生的认知能力、精神状态、文化水准、实践活动优劣的基本标准，是提高大学生文明修养和综合素质的重要基础。科学知识、科学能力、科学方法、科学精神和科学品质这五大要素构成一个相互联系、相互影响的有机整体，从而构成了大学生科学素养的整体内涵，可用三个同心圆结构来描述。最核心部分是科学精神，对认识与实践活动有决定性的导向作用，是大学生科学素养的灵魂；中间部分包括科学知识、能力和方法，是大学生具备科学素养的基础，是培养和形成其他要素的载体；最外围部分是科学品质，是大学生科学素养的重要表现形式和形成标志。

科学知识是指大学生在科学实践中获得的关于客观世界的各种事物的本质及规律性的认识；科学能力包括科学思维能力和科学实践能力；科学方法主要是从事科学研究的方法论，指导科学实践；科学品质是大学生的科学素养的具体体现与外显标志，具有高尚的科学品质是国家赋予大学生的光荣使命；坚持辩证唯物、实事求是、与时俱进是科学精神的本质，科学精神也是一种价值观念和道德观念，主要包括两部分：一是大学生关于科学的价值观念，主要是尊重科学、崇尚科学、按科学办事、充分依靠科学的力量来发展经济和推动社会全面进步；二是科学研究和发展需要大学生具有什么样的精神面。

从结构说法中去更好地理解大学生科学素养的内涵，能对大学生科学素养现状的调查工作给出指导并能提供借鉴价值。同时，大学生科学素养的发展也需要科学精神为动力，以科学知识、能力和方法的掌握与积累为基础，而良好的科学品质的形成，才是真正意义上的大学生科学素养水平的提高。

四、科学理解科学素养与人文素养

大学生科学素养是大学生综合素质的重要组成部分，也是促进科学教育与人文教育融合，培养大学生创新意识与实践能力的重要因素。

科学大家钱学森说："现在中国没有完全发展起来，一个重要原因是没有一所大学能够按照培养科学技术发明创新人才的模式去办学，没有自己独特的创新的东西，老是培育不出杰出人才。这是个很大的问题。"[①]钱老

---

① 钱学森访谈录［N］. 文汇报，2009-11-17（10）.

批评的是现在的中国大学，教育不出有创新精神的人才。钱老还指出科研人员不能只有科学知识，还要有人文素养，才能让自己的思维有所突破，成为创新型的人才。这一点钱老的夫人蒋英作为著名的声乐教育家，恐怕给了钱老最多的灵感。而爱因斯坦的小提琴拉得特别好，李四光会作曲这样的细节，恐怕也都在印证这一点，但是在应试教育压倒一切的今天，科学与人文的交融又能在几个孩子身上实现呢？所以大学生创新精神的培养，必须坚持科学素养与人文素养的融合。

所谓的"人文素养"，即"人文科学的研究能力、知识水平，和人文科学体现出来的以人为对象、以人为中心的精神——人的内在品质"。人文素养的灵魂，不是"能力"，而是"以人为对象、以人为中心的精神"，其核心内容是对人类生存意义和价值的关怀，这就是"人文精神"。这其实是一种为人处世的基本的"德性""价值观"和"人生哲学"，科学精神、艺术精神和道德精神均包含其中。它追求人生和社会的美好境界，推崇人的感性和情感，看重人的想象性和生活的多样化。

创新能力与开拓精神更多地来源于自然科学和社会人文科学的碰撞与交流。无论是社会和个人对健全知识结构的要求还是学科发展的融合趋势，都对中国长期以来的"专才教育"模式提出了质疑。这种教育模式割裂了自然科学和社会人文科学之间的联系。在造成理工科大学生人文素养偏低的同时也使文科大学生科学素养不高，并因此造成了彼此之间的相互冷淡与轻视。

在目前的高等教育改革中，素质教育已深入人心，高校大学生人文素养教育逐步得到重视，科学素养教育也取得了一定成绩和经验。但我们一定要处理好人文素养和科学素养的辩证关系，防止出现认识上的偏差。

第二节　科学素养培育的必要性及大学生科学素养培育面临的挑战

一、科学素养培育的必要性

（一）是培养未来高层次应用型人才的必要条件

在我国，高层次应用型人才的教育与培养，是指以"面向社会、立足岗位、注重素质、突出应用、强化实践、培养能力"为指导思想的一种人才培养模式。大学生是未来社会高层次应用型人才的主力军与后备力量，是未来中国特色社会主义建设的核心群体。因而，着力培养未来高层次应用型人才，务必要培养大学生的科学素养，也就是需要当前大学生具备基本的科学精神和科学意识，掌握基本的科学方法和解决各种实际问题的能力。从某种程度上说，培养大学生科学素养，有利于引导大学生形成正确的世界观、人生观和价值观，对其能否成长为高级复合型，应用型人才起着举足轻重的作用。

（二）是提高全民科学素养的重要途径

大学生作为社会公众的一个特殊群体，具有提向自身科学素养的需求，更承担着向其他公众传播科学知识，科学方法、科学精神的历史重任。尤其是新时期的一个显著特征，是中国高校正在扩招，高等教育逐渐大众化，大学生所占公民的比例在增加，大学生对社会公众的影响力也在加大。同时，与社会公众相比，大学生是一个具有较高科学素养水平的特定人群，获取科学素养的渠道和方式也更加多样，对科学知识有更强的理解力，也更容易提高自己的科学素养。因此，为提高全民科学素养，我们应优先并重点考虑培养大学生群体的科学素养，这也更加便利可行。

二、大学生科学素养教育面临的挑战

（一）社会功利主义对大学生的冲击

培养大学生的科学素养，这种收益是无形的，同时也是需要长久付出与积累才能看到效果的。相比之下，新时期大学生的就业压力或考研压力却是显而易见的。在这样的情况下，许多大学生从入学开始就"规划"自己的目标，将追求知识、拓展知识面、探索未知的境界逐渐化为显性的成绩与收获——英语四六级证书、计算机等级证书、期末考试成绩背后的奖学金和荣誉、考研专业课学习、"专升本"考试科目的准备等。在处处充满功利主义思想的时代氛围下，毫无疑问，大学生不愿也无法在提升科学素养方面花过多的时间，日益严重的就业竞争剥夺了他们提升自我科学素养的主动性和自觉性。

（二）高校培养大学生科学素养的氛围有待提高

从某种程度上讲，高校对培养大学生科学素养负有最直接的义务与责任。不幸的是，如今高校在培养大学生科学素养方面也存在诸多遗憾，具体表现在：

第三，从高校本身而言，新时期伴随高校规模的扩张，中国高校开始建立新校区，基于整合资源和方便教学、交流等方面考虑，许多高校实行文理分区，这在无形中加剧了文理分科的矛盾，更加不利于学生学习交叉学科的知识，也不利于不同类别的学生之间科学思维的碰撞与融合。

第二，从教师的层面讲，专业教师传授专业知识，这无可厚非，但为何不考虑适当的扩充知识，全面激发学生对其所在的整个一级学科的兴趣和思考呢。行政教师负责大学生科学素养和综合能力的培养，在其日常活动中虽然经常组织晚会、文体活动、演讲比赛等，但真正与科技知识相关的竞赛并不多。同时，如今各大高校社团数量不断增多，但与提高大学生科学素养相关的社团数量却极少，在这方面，我们的高校、老师是否应该多多引导和支持呢。

第三，从现有的提高大学生科学素养的活动考虑，目前各大高校虽有"挑战杯"课外科技作品竞赛、"结构设计"大赛、"数学建模"大赛、暑期社会实践等活动，但许多高校并没有把学生的参与和体验过程放在首位，组织单位制定的预期成果标准过高，把国家级、省级的比赛名次看得过重，导致真正参与的学生并不多，从而提高大学生群体科学素养的目标并没有实现。

（三）大学生提升自我科学素养的自主性不足

大学生科学素养的个体差异，是由大学生个体的自主性和自觉性决定的。正如新时期的大学生普遍拥有手机、电脑等电子产品，学生获取科学知识的渠道增多了，但他们所受的外界干扰和诱惑也大大增加了。受此影响，以往大学生常去图书馆拓展知识的壮观场景，变成了如今为期末考试为考研、为考公务员才去图书馆学习的尴尬场面。此外，新时期经常参加专题科学讲座和科学报告的大学生比例正急剧下降，院系甚至只能通过"综合测评加分"来鼓励大学生积极参与。显然"00"后的大学生群体思想尚未成熟，自律能力不足，在勉强完成常规的学习等任务后，很少有大学生还会主动去提升自我科学素养。

第三节　传统文化与科学素养培育的价值互动

中华民族的传统科学技术即是在儒学的文化背景下发展起来的，所以，儒学和科学是必然会发生相互作用的，那种认为儒学和科学隔绝一说，是断然站不住脚的。并且，就传统文化对科学的影响而言，不能笼统下结论是促进还是阻碍，要本着实事求是、具体问题具体分析的原则。传统文化博大精深，气势恢宏，包含有不同的层次和方面，有学者将传统文化内容分成四个层面，也有分成七个方面的。从具体方面分析传统文化对科学所起的作用、性质、条件，才是科学的态度和做法。

一、传统文化蕴含追求真理的科学精神

中华民族自古以来就是一个自觉、主动地追求真善美的国家，中华民族精神中也透显出求真、求善、求美的精神。

（一）中华民族有追求社会真理的文化传统

中华先人一向对人生持有一种澄明的理性态度，更注重此岸世界的现世生活，而对来生，对彼岸世界，则淡薄得多。对人生易逝、岁月易老的感叹，使诸多精力用于对现实世界的关注，中国人形成了向内用力地人生，在人文社会科学的各个领域，如政治理论、军事思想、道德观念、艺术思想、史学理论等，均见长于西方。并且，对社会真理孜孜以求，自觉地学习、吸收其他国家和民族的优秀思想。从郑和下西洋，玄奘西游，以实际行动说明了对真理的渴求。明末清初，西方传教士带来了先进的科学思想，中国先进的知识分子，投入到了轰轰烈烈的普及西方科学思想的工作中。到了近代，面对入侵，认识到本国的落后，中国人民不甘被奴役、驱使，又积极主动地从西方思潮中、从马克思列宁主义中或反思批判扬弃传统文化中，寻求救国救民的社会真理，涌现出了无数可歌可泣的杰出人物，甚至不乏以生命唤醒国人的"难酬蹈海亦英雄"的革命先烈。中国历史呈现出了寻求社会真理以自尊、自强的波澜壮阔的伟大历史运动，可以说，这种追求社会真理的历史传统，是薪火相传、源远流长的。

（二）中华民族有追求自然真理的文化传统

中华民族形成了"天人合一"的思想观念，将天、地、人作为一个整

体来考察，以一种积极主动的态势来探究自然规律，希冀在人与自然的关系中彰显人的地位、价值和尊严。譬如，"尤精历象之学"的著名历算家王锡阐观测天文时，也只能"每遇天晴霁，辄登屋卧鸱吻察星象，竟夕不寐。""始信须眉等巾帼，谁言儿女不英雄"的女天文学家王贞仪，顽强地顶住封建礼教的重压，不屈不挠地进行科学研究，她用面盆和镜子为手段，探讨日月食的原理。科学家们献身科学的精神令人动容，中国传统科技形成了整体主义自然观，这种自然观虽然弱于细致、精微的分析能力，但不可否认也对中国科学技术的发展作出了巨大贡献。如阴阳五行学说，对早期的物理、化学，如炼丹术等产生了深远影响。像四大发明，不仅对中国文化，并且对世界文化都作出了巨大贡献，马克思在《共产党宣言》中都给予了很高的评价。并且，关于手工业、农业、地理、医药等传统历史典籍，至今仍有巨大价值，成为世人争相研读的宝贵材料。李约瑟曾说："中国在公元 3 世纪到 13 世纪之间保持一个西方所望尘莫及的科学知识水平。"

（三）中华民族具有"一以贯之"的追求思维真理的文化风格

中国传统文化中具有丰富明显的辩证思维传统。早期的《易传》就表现出了对立统一的观念，如"一阴一阳之谓道"，讲到了"变通""通变"。《老子》中包含大量丰富、鲜明的辩证思想。《墨辨》概括了墨家的逻辑学说，提出了形式逻辑的基本原理，涉及同一律、排中律、矛盾律。唐、宋、元、明各个时期，既学习、引入西方的逻辑学，又有先进思想家不断发展辩证思维，如王夫之、黄宗羲等人，对发展辩证思维作出了巨大贡献。中国人结合历史演变规律和自身历史经验，对辩证思维往往具有独到、精湛的领悟和见解，这成为传统文化思维方式的一大典型特征。可以说，中国人对思维真理的追求也是绵延不绝、钻之愈深的。

譬如五行思想，五行之中，两两相生相克，最早见于《尚书·洪范》。后来《左传》、《国语》均有记载。五行可以代表五种元素，如众所周知的水、木、金、火、土，也可以代表颜色、人体脏器、方位、时令等。五行代表的五种元素以及相互之间的辩证关系构成了世界的万事万物，是中国传统认识论和方法论的重要表现之一。辩证思维中，老子主张"物极必反""相反相成""反者道之动"。道的运动，最终要回到原点，回归、复归是运动的本质，在新的起点上重新出发，返本开新，进而达到更高的境界。庄子的"鼓盆而歌"，即是没有把死亡当作终结，而是人作为宇宙中的一尘埃，回归到生命最初的本真状态而已，所以庄子说"建之以常无有，主之以太一"。战国竹简《太一生水》就体现了这种"反哺"的思想。北宋张载：
"有象斯有对，对必反其为；有反斯有仇，仇必和而解"（《正蒙·太和》），
这种观点也认识到了矛盾的一分为二及其解决之道。

二、传统文化提供科学研究的知识基础

从事科学研究必须具备相应的专业背景和一定的知识基础，封建社会
科学尚未形成一个独立的学科体系，诸多学科知识是杂糅在儒家经典之中。
科学家进行科学研究的基础知识，甚至专业知识，主要从儒家经典中获取。

（一）《周易》中包含大量数学知识和数学思维

《易经》中提到的"两仪""四象""八卦"，进而到"六十四卦"，相
当于数学中最早的排列组合问题。《周易》中用实线和虚线代表两种卦符，
即阴爻与阳爻，相反相成，具有互补属性。有规律地进行组合可以构成所
有卦符，代表了天地间万事万物的变化发展规则，这种组合就是现代数学
中的二进制组合。《周易》中的八卦均有卦辞，天、地、雷、风、水、火、
山、泽，代表了天地间相互矛盾的八种成分，卦辞和对应的卦之间的关系，
类似数学映像中原象与象的关系。民间的占卜，卦象、爻象的排列组合，
实际上是概率论的运用。《周易》除了涉及具体的数学知识，还包含着丰富
的数学思维，如"一阴一阳之谓道"的辩证思维，以辩证思维为基础，而
衍射出"触类旁通"的推演类比思维、万变不离其宗的整体思维、"积善成
名、积恶灭身"的变易思维、"万物有形、玄览静观、立象尽意"的形象直
观思维、"经世致用"的实用理性思维等。

刘徽在《九章算术注》中谈及自身的数学研究之路，即是在知悉《周
易》中蕴含的阴阳思想基础之上，从而对幼时研读的《九章算术》有了更
深入地领悟，进而为《九章算术》做注。秦九韶对《周易》中的数学问题
和数学思维进行研究，在《数学九章》中，将 81 题分为 9 组，引申出求解
同余式方程组的解法，即"大衍求一术"。朱世玉运用《周易》中所涉及的
概念，在《四元玉鉴》中辑录 288 个问题，均与方程式或方程组相关，论
述了多元高次方程组的解法和高阶等差级数的计算。

（二）儒家经典中包含天文学家进行天象记录和天象观测所必需的天文学知识

"天文"一词最早见于《周易》中的"仰以观于天文"。《诗经》中有

大量关于天文灾异现象和星象的记载，描绘了斗转星移、灿烂辉煌的天文景观。《豳风·七月》记载了"七月流火"的星象，"火"指的是又红又亮的星宿，即是火星。这一星象主要是安排一年中的农事生产，所以是"农夫之辞"。《唐风·绸缪》记述了"三星在天"的星象，三颗星在黄昏时候呈现于天，因古时男女通婚多在黄昏时刻，这一星象就多为"妇人之语"，也表明了古人的时间观念。《小雅·渐渐之石》记载了"月离于毕"的星象，"毕"是有八颗星组成的二十八星宿之一，形状呈网状，月亮投入到毕星组成的网中，是滂沱大雨降临的先兆。这一星象，往往成为"戍卒之作"。可以说，这些星象都是劳动人民经过长期的观察积累而成的经验资料，既成为宝贵的民俗文化资料，也有力地证明了古代天文学领先于西方的历史史实。

其他星象如《召南·小星》："嘒彼小星，三五在东"，"嘒彼小星，维参与昴"。《卫风·淇奥》："充耳琇莹，会弁如星"。《陈风·东门之杨》："昏以为期，明星煌煌"，"昏以为期，明星晰晰"。《大雅·云汉》："瞻昂昊天，有嘒其星"。《小雅·大东》更是记载了异彩纷呈、令人叹为观止的天文现象，如"跂彼织女""睆彼牵牛""东有启明""西有长庚""有捄天毕""维南有箕""维北有斗"等星象。像"织女""牵牛"星象，既具有审美价值，也成为家喻户晓的民俗节日，激发了后人寄情咏志的词作歌赋，又是劳动生产和生活经验的积累，同时又表达了对统治者盘剥劳动人民的不满愤慨情绪。

其他儒家经典，如《尚书》中的《尧典》，《大戴礼记》中的《夏小正》，《小戴礼记》中的《月令》等，对天文观测和天文知识均有记载。并且人们在制定历法、节气时，也借鉴了《周易》中的智慧，运用了《周易》中的概念。后世的天文学家，像张衡、何承天、郭守敬等，都研读过大量的儒家经典，从中获取了进行天文学研究的知识储备。

（三）儒家经典中还包含大量的地理学知识和九州风貌总览介绍

"地理"一词最早见于《周易》中的"俯以察于地理"。在《尚书·禹贡》、《周礼·夏官司马·职方》中均涉及大量的地理学知识。《禹贡》记载了禹以实际行走，制作路标以分别疆域、奠定界域，对九州的土壤、赋税、田地、贡品、河流走向均做了明确的介绍情况。首先是始于壶口的冀州，土壤为白壤，赋税为一、二等，田地为五等，皮服为贡品。兖州位于济水与黄河之间，适宜栽种桑树养蚕，人们的居住场所搬至平地，土壤肥沃，树木草地顽长茂盛，赋税九等，贡品为漆、丝、彩绸，贡船行于济水、漯水到达黄河。青州在渤海和泰山之间，有广阔的盐碱地和丰富的海产品，贡船经汶水到达济水。徐州处在黄海、泰山及淮河之间，土地粘肥，草木滋生，贡品多样，五色土、特产桐木、磐石、黑绸白绢，贡船经淮河、泗水到达济水。淮河与黄海之间的扬州，竹木遍地，金银美玉、象牙鸟羽不可胜数，贡船载有贝锦、橘柚，沿长江、黄海至淮河、泗水。荆山与衡山的南面为荆州，洞庭湖水波光粼粼，土地潮湿，树木丰茂，贡品独特，玉石宝石名木、丝绸珍珠光彩夺目，贡品由水路改陆路到达南河。豫州在荆山、黄河之间，积水停滞，土地柔软肥沃，赋税一二等夹杂，贡品以麻、细葛、绸、细绵居多，贡船行于洛水抵达黄河。华山南部和怒江之间是梁州，土地疏松，田地七等，赋税七八九等均有，贡品以美玉银铁和野兽为主，贡品最后经过渭水达至黄河。雍州地处黑水到西河之间，河流、山川均得以治理，黄土地居多，田地一等，贡船载美石、美玉、珠宝，经黄河，与其他船只汇合于渭河以北。

《职方》对九州中的山镇、大泽、可资灌溉的水源、特产、男女比例、宜于饲养的畜牧业和宜于种植的农作物都有明确的记载。东汉班固撰写《汉书·地理志》上下两卷，其中首卷即是对《禹贡》和《职方》的辑录。并且按照时间顺序，介绍了汉代以前的地理沿革以及西汉各郡国的地理概况，涉及人口、特产、名胜、要塞、河泽山川、交通要道、土地、治所等各项，是一部融历史于地理中、开创了人文地理观的伟大著作。魏晋地图学家裴秀根据《禹贡》撰写《禹贡地域图》，成为有文献可考的第一部以疆域政区为主的历史地图集。地理学家郦道元所著《水经注》，在对《禹贡》点评的基础上，提出了重视野外考察的研究方法。可见，后世地理学者均以《禹贡》作为基本教材，在其基础上再进行地理研究。

（四）《诗经》《尚书》等著作中包含相当多的农学知识

《诗经》中包含 11 首农事诗，可分为 3 类，其中《豳诗》为《豳风》中的《七月》；《豳雅》包含《小雅》中四首：《楚茨》、《信南山》、《甫田》、《大田》；《豳颂》则是《周颂》中的 6 首：《思文》、《臣工》、《噫嘻》、《丰年》、《载芟》、《良耜》。这些诗涉及农民的开垦种植，如《甫田》中的"今适南田，或耘或籽，黍稷薿薿"，《大田》中的"以我覃耜，俶载南亩，播厥百谷，既庭且硕"。农事活动往往与祭祀活动相联系。尤其是《七月》，通过八章叙述了农人一年的农事活动，春耕、采桑、修剪、纺织染布、缝制衣裳、打猎、修葺房屋、采摘、谷粒进仓、冬季贮冰、祭祀等活动。《七月》除了农事，还记录了当时的气候、节令、社会现状等，对后世农学著作影响深远。

《尚书》中对宜农作物，即"百谷"进行了介绍，农作物的质量和产量决定了有限的土地能不能养活更多的人口。对野生植物，即"草"做了不同的称谓，对其改造用于改善日常生活。还记载了大量与树木相关的内容。《盘庚》中直接记载了当时苦乐甘甜的农事开垦活动。《无逸》《洪范》《大浩》《召浩》《洛浩》《盘庚上》《吕刑》《费誓》等篇均道出了稼穑活动的艰辛与不易。《周礼》中记述了当时的土地分配制度、农业生产组织管理制度和农业生产技术。《礼记·月令》记述了气象星象、川泽山林草木、虫禽兽等方面，展示了中华先人探索、适应自然以实现人与自然和谐的实践印记和思维方式。

第七章 中华优秀传统文化与大学生心理素养

第一节 心理健康及其界定标准与方法

一、现代社会的健康观

社会的发展和人类自身认识的深化使得人类对健康概念的认识也在不断地增加。在生产力水平低下时，人类只关注如何适应和征服自然来维护自身的生存。生产力水平的不断提高，人类对身体健康的关注也逐渐增加，产生了防病治病的医学科学。

发展到现代，人类对健康的认识不再局限于身体机能的正常与否，而是有了一个质的飞跃。联合国世界卫生组织（WHO）在，认为健康除了是没有疾病，还包含身体上、心理上和社会上的完好状态或完全安宁。为了加深人们对健康的认识，世界卫生组织规定了健康的 10 条标准：

（1）有足够充沛的精力，能从容不迫地应付日常生活和工作压力，而不感到过分紧张。

（2）态度积极，乐于承担责任，不论事情大小都不挑剔。

（3）善于休息，睡眠良好。

（4）能适应外界环境的各种变化，应变能力强。

（5）能够抵抗一般性的感冒和传染病。

（6）体重得当，身体均匀，站立时，头、肩、臂的位置协调。

（7）反应敏锐，眼睛明亮，眼睑不发炎。

（8）牙齿清洁、无空洞、无痛感、无出血现象，齿龈颜色正常。

（9）头发有光泽、无头屑。

（10）肌肉和皮肤富有弹性，走路轻松。

由此可以看出，健康包括身体健康和心理健康两个方面，它们是相辅相成的，是紧密联系的一个整体。严格意义上讲，任何一种病都不是纯粹身体或心理单方面的。因此，在考虑自身的健康和疾病时，不仅要考虑体魄的强健，也要考虑心理的健康，从身体和心理两个层面对健康进行综合的评估与界定。

二、心理健康的标准与分级

（一）心理健康的标准

造成不同的人对心理健康标准产生不同的看法的原因主要有以下三个方面：

一是不同的人有不同的依据来确立心理健康标准。通常人们采用的依据有统计常模、社会规范、生活适应、心理成熟状况、主观感受。

二是在对健康进行描述时不同的人所关注的焦点不同。如有人强调积极自我概念，有人强调良好习惯；有人重视生活适应状况。

三是不同的人对心理健康标准把握的尺度宽严是不相同的。如马斯洛提出的心理健康标准，他是从世界近代史上 38 位成功名人的人生历程中归纳和总结出来的，说得上是一种尺度精英标准；但在精神科医师的眼中，凡无心理症状的人都被视为心理健康的人，这则是一种最宽的、低水平的临界标准。还有许多学者以人格各个维度的量值在总体平均数附近、统计学上占大多数的人的主要行为特征作为心理健康的标准，这个可以称为众数标准。

通过以上国内外心理健康标准可以看出，虽然世上不可能有适用于任何人的任何心境的心理健康标准，但人们仍在不断探究，总结出如下心理健康的一般标准：

（1）充分的安全感；

（2）了解自己、并对自己的能力进行适当的评价；

（3）生活的目标能切合实际；

（4）与现实环境保持接触；

（5）能保持人格的完整与和谐；

（6）具有从经验中学习的能力；

（7）能保持良好的人际关系；

（8）适度的情绪表达及控制；

（9）在不违背团体的要求下，能做有限度的个体发挥；

（10）在不违背社会规范的情况下，对个人的基本需求能适当地满足。

（二）心理健康的分级

心理健康与生理健康是健康概念不可分割的部分，但是心理健康的标准并不具体和绝对。因为心理现象是主观精神现象，它的度量很难有一个固定而清晰的界限。根据中外心理健康专家们的研究，可将人的心理健康水平大致分为以下几个等级。

1. 健康状态

（1）本人不觉得痛苦：即在一个时间段中（如一周、一月、一季或一年）快乐的感觉大于痛苦的感觉。

（2）他人不感觉异常：即心理活动与周围环境相协调，不出现与周围环境格格不入的现象。

（3）社会功能良好：即能胜任家庭和社会角色，能在一般社会环境下充分发挥自身能力，利用现有条件（或创造条件）实现自我价值。

2. 不良状态

又称第三状态，是介于健康状态与疾病状态之间的状态。这是正常人群组中常见的一种亚健康状态，它是由个人心理素质（如过于好胜、孤僻、敏感等）、生活事件（如工作压力大、晋升失败、被上司批评、婚恋挫折等）、身体不良状况（如长时间加班劳累、身体疾病）等因素的影响引起。它的主要特点特点是：

（1）时间短暂。此状态持续时间较短，一般在一周以内能得到缓减。

（2）损害轻微。此状态对个体社会功能影响比较小。处于此类状态的人一般都能完成日常工作学习和生活，只是感觉到的愉快感小于痛苦感，"很累""没劲""不高兴""应付"是他们的常用词汇。

（3）能自己调整。此状态者大部分人通过自我调整，如休息、聊天、运动、钓鱼、旅游、娱乐等放松方式能使自己的心理状况得到改善。

3. 心理障碍

心理障碍是因为个人及外界因素造成心理状态的某一方面（或几方面）发展的超前、停滞、延迟、退缩或偏离。它的特点是：

（1）不协调性。个体心理活动的外在表现与其生理年龄不相称或反映方式与常人不同。

（2）针对性。处于此类状态的人往往对障碍对象（如敏感的事、物及环境等），有强烈的心理反应（包括思维、信仰及动作行为等），而对非障碍对象则表现正常。

（3）损害较大。此状态对个体的社会功能影响较大。它可能使当事人不能按常人的标准完成某项或某几项社会功能，大部分不能通过自我调整和非专业人员的帮助从根本上解决问题，而需要心理医生的专业帮助。

4. 心理疾病

心理疾病是由于个人及外界因素引起个体强烈的心理反应（思维、情感、动作行为、意志）并伴有明显的躯体症状和不适感。

（1）强烈的心理反应。可出现思维判断上的失误，思维敏捷性的下降，记忆力的下降，头脑黏滞感、空白感、强烈自卑感及痛苦感，缺乏精力、情绪低落成忧郁，紧张焦虑等。

（2）明显的躯体不适感。由于中枢控制系统功能失调可引起所控制人体各个系统功能失调：如影响消化系统则可出现食欲不振、腹部胀满、便秘或腹泻（或便秘—腹泻交替）等症状；影响心血管系统则可出现心慌、胸闷、头晕等症状；影响到内分泌系统可出现女性月经周期改变、男性性功能障碍等。

（3）损害大。此状态之患者不能或勉强能完成其社会功能，缺乏轻松、愉快的体验，痛苦感极为强烈，"哪里都不舒服""活着不如死了好"是他们内心的真实体验。

（4）需心理医生的治疗。此状态之患者一般不能通过自我调整和非心理科专业医生的治疗而恢复健康状态。心理医生对此类患者的治疗一般采用心理治疗和药物治疗相结合的综合治疗手段。在治疗早期通过情绪调节药物快速调整情绪，中后期结合心理治疗解除心理障碍并通过心理训练达到社会功能的恢复并提高其心理健康水平。

三、心理健康的判别方法

人的心理是人脑的内部活动。科学无法直接测量人的心理，只能根据人的具体活动加以推测，通过测量作为心理外部表现特征的行为（如人的言行），间接知道人的心理特征和心理健康水平。

（一）精神检查法

精神检查法原指精神科医生收集精神科病史时，通过交谈与观察检查患者精神活动的一种常用方法。在这里引申其为对心理健康状况进行评判的一种方法。通常由具有心理健康专业知识的专业人员，在心理咨询或治疗中，对当事人做出心理健康问题的性质、类型、程度的评判。精神检查法多用于个别检查，要求评定人员具有较丰富的专业知识和经验，否则容易误判，尤其当症状不典型、不明显或时好时坏时，不能麻痹大意，更需谨慎处理，并及时进行心理疏导。

（二）心理测验法

心理测验法是运用各种标准化的心理健康量表对个体进行测试，把测试结果与常模进行比较，若某项测试结果超出该项常模过多，一般认为是异常的。此方法除个别使用外，还大量地用于团体测验和心理健康的流行病调查，其目的是为了把握某一人群的心理健康分布状况。目前心理健康测定中心理测验法是使用最广泛的一种方法，其用途很广：在教育工作上，它可以测量学生的智能、品德、个性发展，学习动机及兴趣爱好，便于因材施教；在人才选拔和职业指导上，有利于实现人岗匹配。每一种职业往往对就业人员的心理结构都有一定的要求，心理测验便是了解一个人心理结构的一种简洁、可靠的方法。常用的心理测验有智力测验、能力倾向测验、人格测验、成就测验及各类职业测验等。心理测验法虽然比较科学、可靠，但必须有相应的量表，而且使用者要经专业培训。目前有关心理健康方面的量表使用的范围、测定的内容有限，还不能满足需要，因此，人们也常用精神检查法。

在实际的心理健康测定操作中，尤其在面临难以判断的情形时，为了增加结论的可靠性，常将心理测验与精神检查两种方法结合使用，或先做心理测验，对提示可能有异常者再进行面谈和深入了解，或先做一般性精神检查，再用适宜的量表做专门评定。

（三）统计学方法

统计学方法是心理测验中经常使用的一种判定方法。如同人的身高、体重、红细胞数、血压等都有一个大致正常的范围，尽管个体心理活动的特征有较大的差异，但正常人心理活动的各个层面总体上有一个分布比较集中的. 区域，即常态区域。如果偏离常态分布，超过或低于某个临界限值，就可以视为心理异常。这种判定方法的好处是操作比较简便，有客观的统计学指标。但缺点是人群中的少数人（如智商特别高的天才）就可能被当作是偏离正常范围而被错误地诊断为心理障碍。而且，无论社会如何进步，即使是全体社会成员的心理健康水平全部有了很大的提高，只要个体间有差异，这些差异就会当作是心理障碍，就总是有 1%～5% 的个体被认为存在心理障碍。

（四）生物学方法

生物学方法是通过对躯体进行生物学检查来判定心理是否健康的方法。

这种方法在诊断躯体疾病时经常使用，如通过心电图可以对心肌梗死进行诊断；通过转氨酶升高可以对肝炎进行诊断等。由于临床工作中经常使用这种方法对躯体疾病进行诊断，所以人们希望能够使用某些生物学的指标对心理是否健康或者疾病进行判定。尽管具有想法的科学工作者进行了多年的艰苦努力，但至今仍未能发现对诊断心理是否障碍确实可靠的生物学指标。其主要原因是，尽管心理是脑的功能，但心理同时又是对客观世界的能动反映。因此，单纯采用躯体生物学检查的方法难以对心理活动做出全面的解释，也就难以准确判定一个人是否存在心理障碍。其次，目前的生物学指标的精确度仍然不够，比如人在睡眠做梦的时候，大脑的生物化学及脑电在同时变化着，可是目前的生物学检查还不能精细到把这些生物学变化信息全部检测出来并收集起来重建出做梦者的梦境内容。如医生只根据病人脑 CT 检查发现有脑萎缩，无视病人实际上并没有智能下降的临床表现，而草率地诊断病人患有老年性痴呆。这是临床工作中容易出现的错误。目前看来，生物学判定方法是不足取的，至少是不够精确的。

第二节　大学生心理健康状态的表现、界定及成因

当前大学生在心理上显露出一系列的矛盾与冲突。准确界定大学生心理健康状态，对于引导大学生提高心理健康水平意义重大。

一、大学生心理健康的基本表现

大学生的普遍年龄一般在 18 ~ 25 岁之间，从心理学的观点来看，正处于青年初期。大学生的心理具有青年中期的许多特点，但作为一个特殊群体，大学生又不能完全等同于社会上的青年。心理是否健康一般采用量表测量，其标准不是固定不变的。心理健康标准随着时代变迁、文化背景变化而变化。根据我国大学生的实际情况，评判大学生的心理健康水平应从以下几个标准给予着重考虑。

（一）正常的才智和健康的情绪

正常的才智者具有一定的学习能力，能有限度地发挥自己的才能与兴趣爱好。现代社会知识更新很快，为了适应新的形势，就必须不断学习新的东西，使生活和工作能得心应手，少走弯路，以取得更多的成功。人的

才能和兴趣爱好应该充分发挥出来，但不能妨碍他人利益，不能损害团体利益；否则，会引起人际纠纷，徒增烦恼，无益于身心健康。

健康的情绪其标志是情绪稳定和心情愉快，包括的内容有：愉快情绪多于负面性绪、乐观开朗、富有朝气，对生活充满希望；情绪较稳定，善于控制与调节自己的情绪，既能克制又能合理宣泄自己的情绪，情绪的表达既符合社会的要求又符合自身的需要，在不同的时间和场合有恰如其分的情绪表达；情绪反应与环境相适应，反应的强度与引起这种情境相符合。

（二）完整的人格和健全的意志

人格是个体比较稳定的心理特征的总和。人格完善就是指有健全统一的人格，个人的所想、所说、所做都是协调一致的。人格完善包括人格结构的各要素完整统一，要具有正确的自我意识，不产生自我同一性混乱，以积极进取的人生观作为人格的核心，并以此为中心把自己的需要、目标和行动统一起来。

意志是人在完成一种有目的的活动时进行的选择、决定与执行的心理过程。意志健全者在行动的自觉性、果断性、顽强性和自制力等方面都表现出较高的水平。意志健全的大学生在各种活动中都有自觉的目的性，能适时地做出决定并运用切实有准备的方式解决所遇到的问题，在困难和挫折面前，能采取合理的反应方式，能在行动中控制情绪，而不是行动盲目、畏惧困难、顽固执拗。

（三）正确的自我评价和环境适应能力

自我意识是人格的核心，指人对自己以及自己与周围世界关系的认识和体验。人贵有自知之明。心理健康的学生了解自己，接受自己，自我评价客观，既不妄自尊大而做力所不能及的工作，也不妄自菲薄而甘愿放弃可能发展的一切机会。自信乐观，生活目标与理想切合实际，不苛求自己，能扬长避短。

个体应与客观现实环境保持良好秩序，既要进行客观观察以取得正确认识，以有效的办法应付环境中的各种困难，不退缩，又要根据环境的特点和自我意识的情况努力进行协调，或改变环境适应个体需要，改造自我适应环境。

（四）和谐的人际关系与匹配的心理年龄

良好而深厚的人际关系，是事业成功与生活幸福的前提，其表现为：

乐于与人交往，既有广泛而深厚的人际关系，又有知心朋友；在交往中保持独立而完整的人格，有自知之明，不卑不亢；能客观评价别人和自己，善于取人之长补己之短，宽以待人，乐于助人，交往的积极态度多于消极态度，交往动机端正。

在人的生命发展的不同年龄阶段，都有相对应的不同的心理行为表现，从而形成不同年龄阶段心理行为模式。大学生应具有与年龄和角色相应的心理行为特征。心理健康的大学生精力充沛、思维敏捷、情感活跃，与之相适应，行为上应该表现为朝气蓬勃、热情洋溢、生龙活虎、反应敏捷、勇于探索、勤学好问。如果出现那种所谓的"少年老成"、萎靡不振、喜怒无常，或过于幼稚、过于依赖等现象，都是心理不健康的表现。总之，若心理和行为经常严重的偏离自己所属的年龄特征，则有可能是心理不健康的表现。

二、大学生心理失调的主要表现

（一）适应大学生活方面的问题

1. 生活方面问题

大学生生活方面的问题主要体现在生活方式、生活习惯、生活范围等各个方面生活环境的变化。从生活方式来看，中学生大多居住在家里，不少人拥有属于自己独立的生活空间，生活上的事情绝大多数由父母包办打理，从做饭、洗衣服到理发，有的家长甚至每天给孩子收拾床被、打洗脸水等；进入大学后是集体生活，住集体宿舍，没有了父母、长辈每日的悉心照料，凡事都要靠自己安排处理。从生活习惯来看，饮食方面存在差异，气候与语言环境存在变化，作息制度与卫生习惯也均有不同，而且昔日的同窗换成了来自不同地方完全陌生的同学，每个人都有自己的生活风格和生活习惯，对于中学时住在家里的同学，这时必须适应集体生活的要求。从生活范围来看，中学生生活的中心内容是学习，基本上是从家门到校门，而进入大学则如闯进"大世界"，生活领域大大开拓。这些都会给大学生带来不同程度的环境应激。

2. 学习方面问题

大学与中学相比，学习特点与方式、学习习惯、学习要求都发生了实质性的变化。从目前中学生的现状来看，中学的教育方式一般还是以灌输为主，学生的学习目标明确，学习内容具体有限。学生在老师的安排下去完成学习任务,学生处于被动状态,只要把老师规定的学习内容完成即可,学习结果多以考试的分数来衡量。而在大学里这些都有了根本的变化,大学教育是高等教育、定向教育,是在普通的文化教育基础上给学生以高级的专门教育。老师每天上课赶来,下课即走,讲课也不像高中教师那样深入浅出,常常是提纲挈领式教学或引导学生自学。这种情况可能导致一些学生的不适应,学习成绩不是很理想,出现一些心理问题。

3. 对自身社会角色的不适应

社会角色对大学生的挑战主要表现在两方面。

一是社会对大学生提出了更高的要求和期望,中学生的成才目标主要是考上大学,而大学生的成才目标是沿着自己选择的专业方向发展,把成才的期望值确定在争取成为本专业领域中的专家、研究人员等价值目标上。

二是大学生的人际关系发生了变化,,主要表现在人际的交往方式与对象、人际的交往要求等方面。从人际的交往方式与对象来看,中学阶段大多处于同一社区、地域,比较集中,受同一种城市文化的影响,可供交换的信息量较少,价值观念差异小,对成才的心理趋向一致;人际交往的对象主要是同窗好友、父母亲朋、老师,大多以家庭为根据地,群体关系比较简单,接触的同学在语言、生活习惯等方面没有多大差别,相互之间充满了单纯、坦诚的气氛。进入大学后,从各地来的同学素昧平生,重新组成班级,共同生活在集体宿舍里,地域的差别、语言、生活习惯、性格的差异,形成了比较复杂的群体关系。由于地域跨度增大和社区文化不同,可供交换的信息量大幅度提高,学识水平以及价值观念在一个更高层次上表现出地域文化的差异性,这种群体环境的变化带来人际交往方式的变化。从人际交往的要求看,中学生大多依赖性较强,不善于交往,由于父母的照顾和学习的压力,对友谊的渴望不那么强烈;进入大学后,新的生活环境要求大学生独立、主动地与各种陌生人交往,社会化要求显著提高,要求大学生掌握更多的人际交往的技巧,在大学生活中建立起友好协调的人际关系。

(二) 人际关系及人格问题

1. 以自我为中心

以自我为中心,指的就是凡事都只希望满足自己的欲望,要求人人为己,却置别人的需求于度外,不愿为别人做半点牺牲,不关心他人痛痒。其主要表现为自私自利和损人利己。这种人只要集体照顾,不讲集体纪律;

强烈希望别人尊重他，却不懂得尊重别人。只从自己的经验角度去认识人和事，而不能意识到别人对同一事物的看法和观点，对人和事的看法带有强烈的主观性。

2．人格障碍

这类障碍是指明显偏离正常人格并与他人和社会相悖的一种持久、牢固的适应不良的情绪和行为反应方式。它一般始于童年或青少年，而持续到成年或终生。依据"国际疾病与分类"中"精神障碍的分类"，人格障碍有偏执型、分裂型、情感高涨或低落型、冲动型、强迫型、病痛型、衰弱型、反社会型等。

大学生中常见的人格障碍及特征如下：

（1）强迫型人格：常有个人的不安全感和不完善感，易焦虑、紧张，过分地克制自我和关注自我，事事追求完美，同时，又墨守成规、处事拘谨，缺乏应变能力。

（2）偏执型人格：易产生偏执观念，对自己的能力估计过高，固执己见，有极强的自尊心，同时又很自卑，好嫉妒，看问题主观片面，常常言过其实，乖僻褊狭，失败时常迁怒或归咎于他人。

（3）冲动型人格：表现为情绪不稳，常因微小的精神刺激而突然爆发非常强烈的愤怒情绪和冲动行为，且自己不能克制。

（三）自我定向和发展的问题

1．自我定向混乱

自我定向是青年期的重要课题之一，对某种社会职业的选择，个人终生目标及其展望的形成以及人生观的建立，通常需要在这一时期完成。但在这个过程中，有一些大学生的自我定向会陷入混乱，产生心理健康问题。他们在多元化的价值体系中很难找到自己的目标及人生观，失去了生命的存在感，不知道自己究竟是什么，结果使自己陷入苦闷甚至绝望之中。

2．自我发展的不适应

处在大学阶段的青年人自我意识增强，并有着强烈的充实自我、发展自我和强化自我的需求。但在追求自我发展的过程中，有的同学顾此失彼，没能达到期望的目标，并因此产生了不良心理反应。还有的同学过分放大了自我的"劣势"，忽略了自我的优势，且由于害怕暴露自己的弱点而采取了回避和压抑的心态，性格变得孤僻、多疑、嫉妒，产生严重的烦恼和恐惧不安等。

（四）情绪情感方面的问题

稳定的情绪、积极良好的情绪反映，是学生成才很重要的因素，也是学生心理健康中值得重视的问题。有关调查表明，在当前大学生活中，大学生的负向情绪的比例偏高。感到舒畅的约占 31.7%，感到压抑的占 41.6%；感到愉快的占 21.9%，感到烦恼的占 47.6%；感到充实的占 14.2%，感到空虚的占 63.9%；感到平和的占 3.3%，感到烦躁的占 78.1%。情绪情感主要有以下方面：

（1）情绪失衡。大学生的社会情感丰富而强烈，具有一定的不稳定性与内隐性，表现为情绪波动大，高低不定，喜怒无常。会因一点小小的胜利而沾沾自喜，也易为一次考试失败、情感受挫而一蹶不振，甚至无法控制自己的情绪反映。特别是负面情绪的控制相对较弱，个体负面情绪表现为情绪高低不定，易怒，难以驾驭自己的情感，不能保持一种常态的情绪。

（2）抑郁。它是指个体心中持久的情绪低落，常伴有身体不适、睡眠不足等，心情压抑、沮丧、无精打采、什么活动都懒于参加，什么事也提不起精神，逃避现实。中国矿业大学连续三年对新生进行心理健康测试结果表明：列在第一位的心理不适是抑郁，家庭经济状况差、家庭亲和感差、某种原因（如连续的考试失败、失去亲人、同学感情失和）等都是抑郁的直接诱因。

（五）与性相关的问题

1. 性认识偏差

这主要表现为两种极端看法：一种是视性为下流、肮脏、见不得人、难以启齿的，这种认识尤以女同学为多。她们往往表现出与年龄不相吻合的性的"纯洁"，把性欲与爱情完全割裂开来，对内心出现的一些本属正常的性心理活动，极为恐惧。这种性认知容易导致性情感、性态度的过敏、禁忌、矛盾、冲突。另一种是过于强调人的生物性，信奉"性自由"，从而在行为上随便、放纵，甚至不择手段地去获取性的满足。这同样是一种性的适应不良，甚至可能触犯法律。

2. 自我形象焦虑

青年时期的大学生比任何年龄段的人都更关注自己在他人尤其是异性心目中的形象。学生受很多因素的影响，如长相、胖瘦、高矮、能力、魄力、魅力等，会产生各种各样的焦虑，有的学生担心自己长得不够漂亮，不能获得异性的好感，甚至部分女生因没有男生追求而苦恼；有的学生总感到自己的先天条件不够理想，因而非常自卑，不能建立自己的社交形象与公众形象。

3. 性行为困扰

性行为是指与性有关的行为。大学生中的性行为，主要是手淫行为、边缘性性行为和婚前性行为。这些行为引起的困扰给大学生造成了许多消极影响。边缘性性行为是指如游戏性性交、被亲吻拥抱、被抚弄生殖器官等。这些行为对当事者即时和后遗心理困扰也是存在的。这些困扰多表现为不安、自卑、烦恼、自责、疑虑、恐惧等，对学习、生活、交往产生了不良影响。大学生的婚前性行为是为社会、道德所不允许的，事发之后，心理上出现严重不安、自我否定、恐惧焦虑。

三、界定大学生心理健康状态的注意事项

（一）标准的相对性

心理不健康和不健康的心理不能等同。事实上大学生心理健康与不健康也并无明显界限，而是一个动态化、连续化的过程，如果将正常比作白色，将不正常比作黑色，那么在白色与黑色之间存在着一个巨大的过渡带——灰色区域，对大多数学生而言，在他们人生发展的过程中面临一些心理问题是再正常不过的，不必大惊小怪。发现问题时应积极加以矫正。与此同时，大学生应提高心理自我保健意识，及时进行自我调整。

（二）心理健康的发展性

心理健康并不是一种静态的平衡，而是一个动态变化的过程，随着人的成长，经验的积累，环境的改变，心理健康是会发生改变的，既可以从不健康转变为健康，也可以反之。因此，心理健康与否只能反映某一段时间内的特定状态，而非永远。所以，判断大学生的心理健康状况应具有发展的眼光。

（三）整体协调性

把握心理健康的标准，应以心理活动为本考察其内外关系的整体协调性。从心理过程看，健康的人的心理活动是一个完整统一的协调体，这种

整体协调保证了个体在反映客观世界的过程中的高度准确性和有效性。事实表明，认识是健康心理结构的起点，意志行为是人格面貌的归宿，情感是认识与意志之间的中介因素。从心理结构的几方面看，一旦不能符合规律地进行协调运作时，可能产生一系列的心理困扰或问题，从个性角度看，每个人都有自己长期形成的稳定的个性心理，一个人的个性在没有明显的剧烈的外部因素影响下是不会轻易发生变化的，否则说明其心理健康状况发生了变化。从个体与群体的关系看，每个个人在其现实性上划分成不同的群体，不同群体间的心理健康标准是有差异的。

四、大学生常见的心理健康问题成因

科学研究表明，导致心理疾病的因素十分复杂，是生理、社会、学校、家庭诸因素共同作用于个体的结果。大学生心理障碍与心理疾病的产生是大学生所处的特殊年龄阶段与特殊学习环境以及社会诸因素相互作用的结果。

（一）生理因素

1. 遗传因素

遗传是影响心理健康的重要因素，造成个人心理发育不良的遗传因素约有 150 种，根据美国智力缺陷协会调查，智力低下的患者 80% 与遗传因素有关。大量研究表明，在精神疾病中，尤其是在精神分裂症、躁狂症、抑郁症等的发病因素中，遗传因素占主要地位。

2. 脑损伤

根据临床观察和专家的研究分析，脑器质性病变，如脑肿瘤、脑萎缩、脑炎、脑血管疾病、脑外伤等，会直接导致各种心理异常表现，出现意识障碍、智力障碍、严重遗忘症、人格异常等。

慢性病人由于长期受病痛的折磨，会变得心情忧郁，烦躁不安、敏感多疑、承受力下降、痛苦失望、情绪稳定性降低、行为控制能力减弱、兴趣缺乏，人际关系紧张，严重的还可导致心理障碍。重症病患者如果得知自己的病情无治愈的希望，就会对恢复健康失去信心，心情可能很低落，产生恐惧绝望的心理，也可能情绪变得异常激动，易暴躁，这时要及时进行心理疏导或者治疗。

3. 神经系统的先天素质不健全

专家认为，神经系统的先天素质不健全，如大脑皮层和皮层下神经组织之间的相互协调作用有某种障碍，大脑皮层的兴奋和抑制过程的协调作用有某种障碍等，会导致病态人格等心理异常，神经类型属弱型的人更容易受到不良因素的影响而引起不健康的心理行为。

（二）社会因素

新的时代对大学生的素质提出了更高的要求，近几年大学生就业从"双向选择"到"面向市场""走向市场"，进一步强化了他们的竞争意识和焦虑意识，越来越多大学生从一年级起就担心自己将来的工作，从低年级就寻找就业单位，在遇到挫折时，又极易产生各种消极心理。社会主义市场经济的发展增强了他们自强精神、创新能力和自我意识，但是在市场经济建立和发展过程中的负面效应也给他们的心理带来了不良影响，如部分学生对金钱的过分崇拜、个人主义强化、人际关系淡薄等。另外，由于生活条件、社会环境的改变及各种媒体的影响，现代大学生生理成熟时间提前，恋爱出现"低龄化"趋势，使一些学生面对变化的现实，产生了浮躁、焦虑、苦闷、压抑等心理问题。

（三）学校因素

1. 专业选择不当

学生在高考选择专业时具有一定盲目性，由于他们对大学专业设置不太了解，所以每年都有一些大学生由于种种原因对所学专业不满意，认为不符合个人的兴趣和爱好，从而产生调换专业的要求。一旦解决不了，就闹情绪，表现出对学习无兴趣，消极悲观，随意缺课。长此下去，会使其心理矛盾强化，导致神经衰弱等心理疾病。

2. 人际关系复杂

处于大学时期的大学生虽然有一种闭锁性的心理特征，但他们也渴望与别人进行交流和沟通。然而，不少大学生缺乏与人交往应有的勇气和方法，加之个性等原因，从而影响到他们与同学的相处。

3. 业余生活单调

当代大学生活仍然可以用"三点一线"来概括，学生的生活环境主要是课堂、食堂和宿舍，大学生称之为"一只书包两只碗，教室、宿舍、图书馆"。他们的生活相对比较单调，缺乏足够的娱乐场所。而青年人正处在长知识、长身体的阶段，好奇心强，精力充沛，对业余生活的多样化要求迫切，但常常不能得到满足，因而缺乏生活的乐趣，感到枯燥无味。

（四）家庭因素

家庭是社会的细胞，每个个体自诞生之日起，都会受到来自家庭的影响。家庭是孩子生长发育的温床，是塑造情感、性格、意志，形成健康心理的重要场所。心理学研究证明，幼儿期的家庭感受将影响人的一生，具有不可估量的影响力。例如，父母过分严厉，期望值过高，会使孩子感到有压力，自卑、胆怯，出现潜意识的抗拒情绪；父母过分宠爱，会使孩子任性，产生依赖，不适应社会，不负责任；父母态度冷漠，缺乏爱心，则会造成孩子冷酷、抗拒心理或者具有暴力倾向。大学阶段，家庭影响虽然有所减弱，但由于大学生与家庭之间仍然存在血缘上的关系、经济上的联系、感情上的维系，因而家庭的风风雨雨都会牵动大学生的心绪。特别是家庭经济比较困难的学生，面对高额的学费，感到心理压力很大，有的甚至是借债求学，家庭的贫困会成为其成长和发展中一个相对沉重的心理负担。他们往往要面临更多生活上的紧张状态，诸如无力支出某些必要的开支等，这使他们的自尊心受到伤害，产生焦虑和自卑感。他们渴望在经济上能够自立，或能缓解家庭经济上的困难。这种矛盾和冲突依靠他们自身是很难克服的，久而久之，心理问题就会产生。

第三节　传统文化的心理育人价值及其与心理健康的关系探究

中国传统文化中蕴含着丰富的心理健康思想，以德育心、以仁宽心、以中平心、以忍锻心与以乐养心，都是我们提高心理素养应汲取的营养。中国传统文化是中华文明历史绵延五千年的产物，它蕴含着丰富的心理健康思想和教育价值。

一、传统文化中的心理思想与心理育人价值

（一）以"德"育心

加强道德修养，是做人的根本，也是一个人心理健康的前提，一个品德高尚的人，必然拥有良好的心理素质，养心必先养德，以德育心是传统文化的一个重要思想，孔子认为修身养性与人的心理健康密切相关，提出

了身心修养统一论，"欲先修其身者，先正其心""心正而后身修"，进而明确了思想品德修养对身心健康的积极意义，以德润身，心广体胖。朱熹注："德则能润身矣，故心无愧怍，则广大宽平，而体常舒泰"，孔子还认为修身与保持心理平衡有着内在统一性，一方面，修身影响心理平衡，所谓修身养性在正其心者，身有所忿懥，则不得其正，有所恐惧，则不得其正，有所好乐，则不得其正，有所忧患，则不得其正。"朱熹注："盖是四者，皆心之用，而人所不能无者，然一有之而不能察，则欲动情胜，而其用之所行，或不能不失其正矣。"这里的"正"，按《说文》解即"正中"，可理解为一种心理平衡。"忿懥""恐惧""好乐""忧患"属于固有的心理体验，一旦产生了这些情感而没有觉察，便会有欲望，情感冲动，如果顺其发展，就必然心理失衡。另一方面，心理失衡也会影响到修身："人之所亲爱而辟焉。之其所贱恶而辟焉。之其所畏敬而辟焉。之其所哀矜而辟焉。之其所敖惰而辟焉。故好而知其恶，恶而知其美，天下鲜矣"。朱熹注："辟，犹偏也。五者在人本有当然之则。然常人之情唯其所向而不加审焉。则必陷于一偏而身不修矣。"孔子的这种辩证思想，使得"修身养性"在其心理健康思想中占据重要地位。这些论述，都是我们健全心理素质非常重要的源头活水。

现代心理学研究表明，一个人的心理健康如何，与其个人的品德水平有密切关系。如果人们能用正确的道德规范反省自己，积极自我暗示，防止情绪过于激动，就能有效地预防由于情绪失控而产生的各种心理问题，正所谓"德全不危"。因此，我们在心理健康培养中，应充分发挥德育首位的优势，大力弘扬修身养性的传统思想，充分体现心理健康民族特色。

（二）以"仁"宽心

中国传统文化的精髓以儒家为主体，儒家的核心范畴是"仁"，"仁"的核心内涵是人与人之间相亲相爱，"仁者爱人"。"爱"是处理人与人、人与社会、人与自然关系的最基本的原则。现代心理学认为，具有和谐的社会关系和人际关系是一个人心理健康的重要标准之一。儒家劝诫人们奉行"忠恕之道"，强调通过外在的社会规范展现仁爱精神，以尊重、友爱、宽容、恭敬的人道原则和平共处，营造出一种人人将心比心，以己度人，关心他人，互相宽恕的社会和谐气氛。这对于人的心理健康极为重要。今天，网络社会的发展，使人们沉浸在"虚拟世界"，情感冷漠，人际关系冷淡，提倡仁爱精神尤其必要。

儒家主张"己欲立而立人，已欲达而达人"，立己、达己是起点，立人、达人是终点。只有满足自己需要的同时，也能满足别人的需要，才是仁者胸怀。儒家的这一思想彰显了人的自我价值与社会价值的统一性，且把社会价值看得更为重要，这一价值取向可以矫正人过于自私自利的心理，对于现代人由于"精神空虚""人生意义失落"而引起的沮丧、神经衰弱和精神分裂症有很好的预防作用，对于提高现代人的道德心理意识和社会责任感也有重要的借鉴价值。

老子曰："圣人无常心，以百姓心为心。善者，吾善之；不善者，吾亦善之，德善。信者，吾信之；不信者，吾亦信之，德信"，表明的同样是一种无私和宽以待人的人生观。显然，如若一个人的人生价值观能建立起无私、至善、宽容、简朴、知足等内在的观念并以之调节自己，其心理又何以不健康？

（三）以"中"平心

"中"即"中庸"，是儒家提出的处理世间万物的总法则。孔子说："君子中庸，小人反中庸。君子之中庸也，君子而时中。""中庸"蕴含着保持内心世界动态平衡的深刻内涵。

何谓中庸？《中庸》中说"喜怒哀乐之未发，谓之中；发而皆中节，谓之和。中也者，天下之大本也；和也者，天下之达道也。""中""以其可以常行不、可易，故又谓之'庸'"。可见，所谓"中庸"即是将适度而不走极端作为日常生活所常行的个易准则。诚如朱熹所注："能随时以处中也。""中无定体，随时而在，是乃平常之理也。"。这就是告诉们，应该而且可以用"中庸"来平衡心理。换言之，做到了"中和"也就能把握自己的内心世界，对外界各种刺激随时控制和调节自己的心理体验，时刻使内心世界居于适中状态，即保持心理平衡，从而使身心健康地发育成长，达到"致中和……万物育焉"的境界。心理学认为，对积极心理品质的缺乏、对立、夸大都会导致不同类型和不同程度的心理障碍，这实际上就是孔子所说的"过犹不及"。可见"致中和"构成了积极心理健康理想境界的历史基础。

如何实践"致中和"，谋求心理平衡？孔子提出"泰而不骄，威而不猛""见贤思齐焉，见不贤而内自省"和"乐而不淫，哀而不伤"，老子提出"不自见，故明；不自是，故彰；不自伐，故有功；不自矜，故长。夫唯不争，故天下莫能与之争"。这些观点，对实践"致中和"，纠正嫉贤妒能、妄自尊大、妄自菲薄、情绪偏激等不良心理倾向，都有积极的时代意义。

实践"致中和"的根本在于求得和谐，心理健康在于心身关系的和谐。心身关系本质是"形神合一"。古有"形者神之体，神者形之用"，"无神则形不可活，无形则神无以生"之名句。故心理健康必以生理健康为基础，心理问题也可以影响生理的健康。所以要维护心理健康，一要强调躯体无病痛，二要注意心与身（即形与神）的协调和谐。情绪波动过于激烈容易产生疾病，也会给心理健康带来隐患。古人早有告诫："夫喜怒者，道之邪也；忧悲者，德之失也。好憎者，心之过也。嗜欲者，性之累也。人大怒破阴，大喜坠阳，薄气发瘖，惊怖为狂；忧悲多恚，病乃成积；好憎繁多，祸乃相随。"而唯有"中之得，则五藏宁，思虑平，筋力劲强，耳目聪明。"那么，情绪如何调节？在中国传统文化中，儒家十分重视用"内省"的方法来调节情绪；道家采取退让，通过弃智守朴，去用取无，以下为上的策略来解决心理问题；佛家采用化解，把生存困惑化解为其他方面来解决心理问题。这些方法有一定的消极性和被动性，但若能将其与有些心理问题合情合理地加以联系与升华，却也不失为一种有效的处理方式。

随着现代社会生活节奏的加快，人们面临的挑战越来越多，心理问题也越来越突出，中庸之道在保持心理健康方面的作用愈显突出。《淮南子·原道训》中说的："疏达而不悖坚强而不鞼，无所大过而无所不逮。处小而不逼，处大而不窕。其魂不躁，其神不娆，湫漻寂莫，为天下枭。"就告诉我们，要在事业中立于不败之地，也要保持"中"的心态，积极求平衡，求生存，求发展。

（四）以"忍"锻心

古人说："夫君子所取者远，则必有所待；所就者大，则必有所忍。""能愧能奋，圣人可至。"儒家就提出"君子不器"和"小不忍则乱大谋"国，对人的情感历来采取节制的态度，所谓"以理节情"，"发乎情，止乎礼"，快乐欢欣而不放肆淫荡，悲痛哀婉而不无限感伤。人要富有自制力、适应能力和对挫折的承受力是中国传统文化的特色之一。人生活在大千世界，总要应对各种人和事，总需调控自己的情感意志。现代心理学认为，心理活动的调节和控制与人的自制力、适应力和对待挫折的抗争承受力有关。从容处事，从容应对，这是心理自我调控能力支配下情绪、意志行为的集中体现。例如：面对名誉、地位、利益，能够做到"退一步海阔天空，让三分心平气和"；面对灾难、失败、意外，能够处变不惊，应付自如；面对烦恼、痛苦，能像古人那样"古今多少事，都付笑谈中"等。说明其应对各种心理创伤有很强的康复能力，这是心理健康的重要特征。

一个有自制力的人，始终对未来充满自信，自强不息，即使遇到挫折或失败，也是愈挫愈坚，愈挫愈奋，屡仆屡起、屡败屡战，不坠青云之志。《周易》中说："天行健，君子以自强不息"；"地势坤，君子以厚德载物"。回这种"自强不息，厚德载物"的"浩然正气"，"至大至刚"，"塞于天地之间"，形成了中华民族几千年来文明进步的精神脊梁，中国人这种自强不息的抗争入世精神，有助于克服现代人的消极悲观情绪，为心理健康赋予了历史的灵魂。

当代人生活在温饱基本无忧，但物欲横流、竞争激烈的社会里，相对缺乏实际生活的磨难，对社会的适应力和对挫折的承受力也相对不足，容易导致种种心理障碍和心理疾病，有的甚至发生一些不应有的恶性事件。因而，我们应借鉴传统文化中"忍"，高度重视心理与精神的自我调适，才能不断增强我们的心理素质和能力，才能更好地适应现代生活。

（五）以"乐"养心

在中国传统文化中，著名的孔颜之乐就是将仁义道德融化为个体的心理欲求，以充实的道德情操所产生的巨大精神力量作为支柱，从而体味到人生深处的无穷乐趣。孔子自我感觉："饭蔬食饮水，曲肱而枕之，乐亦在其中矣。"又赞颜回："贤哉，回也，一箪食，一瓢饮，在陋巷，人不堪其忧，回也不改其乐。贤哉，回也。"颜回在极度的贫穷困顿中，却能领悟到人生的乐趣，其奥秘就在于，颜回本身就是"君子"人格理想的践履者。在他们看来，人在现实生活中的物质需求转化成为心理的意识需求，人的肉体痛苦自然就消弭于精神的愉悦之中。颜回之乐摆脱了物欲的羁绊、世事的纷扰，对生活进行了艺术的观照，就是在现实生活中，与其说是一种人生态度，毋宁说是一种审美态度。

孟子倡导"知足常乐"，并提出"养心莫善于寡欲"的心理修养方法。这一思想对我们仍有重大现实意义。"事能知足心常惬，人到无求品自高。"在一定程度上控制欲望，不仅是道德修养的必要环节，也是增进人们心理快乐体验的有效手段。

欲望是人生命活动的自然原动力。心理学研究表明，人的生理和心理上的欲望不能满足，就会产生心理问题、心理疾病。而对物欲的过度追求，也会损害身体健康，也是心理上不健康的表现。因此正确引导人们追求精神上的快乐有助于化解心理冲突，使人的心理能量得到有效的释放。先哲们认为，

"嗜欲不能劳其目，淫邪不能惑其心"，清静养神，调理情志，节欲保精，修身养性，这些都是维护心理健康的途径。《周易·系辞上》说"乐天知命，故不忧。"一个心理健康的人应该乐天知命，享受生命。《黄帝内经》也有"志闲而少欲，心安而不惧，形劳而不倦"的论述，认为不要自命不凡，抱负过高，欲求过多，而要心静而善虑，心神安泰，并将形体和心神皆寄托于工作，在工作与生活中获得人生的乐趣。老子主张"清静无为"，"见素抱朴，少私寡欲"，"涤除玄览"，要求达到"致虚极，守静笃"的境地。庄子强调"虚静恬淡，抱神以静。"显然，先哲们都是教人将欲望控制在适度的范围内，超然旷达，冷静客观地对待名利，抵制各种诱惑，树立正确的价值观，积极地面对生活。先哲的上述思想，对物欲趋之若鹜、躁动不安的现代人，保持心灵上的宁静和心理上的平衡，不正是一道道良策？

以乐养心是通过怡情移志治疗心理疾病的方法。清代吴师机在《理瀹骈文》中说"七情之病，看书解闷，听曲解愁，有胜于服药者矣。"这种方法的机理是通过对文艺、清谈、琴棋书画的爱好，茶酒的适当品用，使人洗尽尘滓、赏心悦目、快然自足。特别是到大自然中去，在白云卷舒、鸟语花香、莺歌蝶舞的自然景色中，"望秋月，神飞扬；临春风，思浩荡"，对抚平骚动的心灵，调治心理疾病，更不失为灵丹妙药。

二、优秀传统文化与大学生心理健康的密切关系

文化是一个国家、一个民族的灵魂。文化兴则国运兴，文化强则民族强。没有高度的文化自信，没有文化的繁荣兴盛，就没有中华民族伟大复兴。这段话准确地揭示了文化的本质，以及文化对于一个民族、一个国家的重要意义。

文化是民族精神、国家精神的集中体现，其中包含着深刻的思维方式、深沉的生存智慧、深远的精神追求。文化建构着民族的精神家园，在民族繁衍发展过程中发挥着重要作用，离开文化的滋养，将无法谈论人类生活的意义。高度发达的文化是人类与生物界其他动物相区别的一个重要标志，正是文化促进并放大人类合作，使个体得以从属于某个群体，使"我"变成了"我们"，并给"我们"一种精神生活的家园。文化把人群结合在一起，成为一个整体，个体的人能从文化中寻求秩序和充满意义的事物，得以安身立命。同时，文化又如同环环相扣的链条，通过一代又一代人的解释、阐发、调适而形成传统。我们每个人都生活在文化传统之中，受到文化传统的熏陶，人类的创新都是在继承传统基础之上的创新。意大利遗传学家

和人类学家路易吉·卢卡·卡瓦里·斯福尔扎认为，基因和文化是互相影响、共同演化的，他说："文化是人类知识和创新的总和，它由人类创造，在群族内世代相传、广泛传播，不断影响和改变人类生活。"①人们可以将生物进化理论扩展到文化演进上，也就是说，人类具有基因进化和文化进化两种方式，而且后者比前者更具灵活性。基因需要无数代的进化才能产生突变以适应新的环境，而文化则可以促使人类创造新工具、新事物、新观念来改造生存环境。

中华民族拥有五千多年绵延不断的文化传统，影响着我们生活的方方面面。习近平总书记 2016 年 5 月 17 日在哲学社会科学工作座谈会上讲道："中华民族有着深厚的文化传统，形成了富有特色的思想体系，体现了中国人几千年来积累的知识智慧和理性思辨。这是我国的独特优势。中华文明延续着我们国家和民族的精神血脉，既需要薪火相传一代代守护，也需要与时俱进、推陈出新。要加强对中华优秀传统文化的挖掘和阐发，使中华民族最基本的文化基因与当代文化相适应，与现代社会相协调，把跨越时空、超越国界、富有永恒魅力、具有当代价值的文化精神弘扬起来。"②深厚的文化传统是我国的独特优势，其中包含着极为丰富的内容，有观念文化、制度文化、天文历算、医药养生，科学技术、文学艺术、风俗习惯等各不相同的文化形态，而观念文化是所有这些文化形态的核心。观念文化是有系统的思想理论和价值观，是文化传统的结晶和精华，也是文化生命力的集中体现。因此，中华优秀传统文化的传承和创新在根本上说就是要对中华文化传统中的理念文化和价值观有深刻的理解和把握，只有这样才能做到真正的文化自觉和高度的文化自信。

文化对塑造人类认知和心理健康起着非常重要的作用，中国文化下的认知、人格与社会行为特征是现阶段我国心理学研究的重要交叉领域。在高校思想政治工作中，辅导员与大学生群体接触最为紧密，具备充分的条件观察和研究大

学生的心理行为，为探讨中国人心理行为规律和核心特征提供鲜活的第一手资料。同时，辅导员应该充分发挥文化的积极作用，以心化人、以文育人，培养大学生积极向上的健康心态。中华传统文化以儒家、道家道教和佛教为主要内容，渗透于中国人的精神生活领域，潜移默化地影响着

---

① 路易吉·卢卡·卡瓦里·斯福尔扎. 文化的演进[M]. 石豆译. 北京：中国社会科学出版社，2018：2.
② 习近平谈治国理政（第 2 卷）[M]，北京：外文出版社，2017：340.

中国人的心灵。中华传统文化对大学生心理健康有重要要影响，主要是因为能够解答做什么样的人、怎样的人生是幸福的、什么样的人生是有一人生的价值与奋斗目标何在等问题提供无穷无尽的启迪。

第四节　将传统文化融入大学生心理健康教育

一、中华传统文化融入高校心理健康教育的途径探索

（一）营造校园传统文化学习氛围

宣传的有效作用越来越凸显。校园整体学习氛围的营造有利于让传统文化深入人心，提高教师、学生对传统文化的认识和重视。高校可利用新媒体的优势营造传统文化学习氛围，如校园广播站、宣传栏、微信公众号、校园网站、多媒体教学等。定期更新、推送传统文化相关知识，宣扬经典诗词、人物传奇、寓言故事等中华优秀传统文化，让高校教师和学生置身于校园中无时无刻不在接受着传统文化的熏陶和影响，耳濡目染、感同身受，从内心深处自觉接受传统文化，主动学习传统文化。

（二）加大传统文化进课堂的力度

不仅中小学需要开设传统文化必修课，大学也有必要开设必修课和选修课，在所有课程中融入传统文化知识的学习。大学的教学中可以把传统文化教育和爱国主义教育、心理健康教育相联系，互取所长，发挥优势，凸显专业课程效果。心理健康教育课的教学设计中，离不开课前活动导入，课中故事启发，课后认真总结，这些都可以适当引入传统文化知识。将传统文化知识中相应的经典故事、传奇人物融入其中，既可以学习传统文化知识。又可以提高心理健康教育课教学质量和效果，可谓一举两得，相辅相成。

（三）大力开展传统文化实践活动

高校校园活动百花齐放、百家争鸣.各种社团文化、协会活动丰富多彩、精彩纷呈，最能吸引大学生兴趣，提高学生主动参与率。高校中成立传统文化相关社团或者协会，吸收有特长、感兴趣的学生，定期举办展示活动，宣扬传统文化。实践活动和课程内容相联系，把知识点融入活动中，改变

传统"填鸭式"的授课方式，让学生在活动中轻松学习、愉快接受。同时，可以把课后作业布置成为课下的实践活动，增加学生兴趣和参与度，提高学生动手能力，如手工制作传统文化作品、做小老师讲解传统文化知识。

（四）加强教师对传统文化知识的掌握

教师是"传道授业解惑"的主体是课堂教学的主讲人，是知识传播的关键和重点。加强教师对传统文化知识的掌握，是保障传统文化得以有效传播的基础。但是术业有专攻，学术有专长。毕竟传统文化课不是专业课程.没有专业教师。很多教师不清楚传统文化的具体内容和含义，不知道传统文化的传播重点。只能泛泛而谈，蜻蜓点水式地在课程中对传统文化一带而过。达不到预期学习效果。在其他专业课程教学中加入传统文化知识学习，就会变成形式主义，走过场。因此有必要加强教师对传统文化知识的掌握。可以通过教材内容讲解、课件内容培训、知识点串讲等方式，让教师深入掌握传统文化知识。

（五）加强学生对传统文化知识的学习

学生是传统文化的最终受益者和学习者，要转变学生学习态度，加强传统文化知识学习。中华优秀传统文化凝练了古人的智慧.是思想的精华和沉淀，对大学生的健康心理和健全人格有非常重要的促进作用。大学生作为社会主义事业接班人和建设者，必须深入学习和掌握传统文化知识，把知识内化成自身内在的修养、素质和品格。从家庭、社会、学校、个人层面出发，把传统文化贯穿于学生学习、生活中、让学生感受、体会传统文化的魅力，提高学生主动学习的兴趣爱好，将优秀传统文化知识的精髓渗透到心理健康教育中。

二、中华传统文化融入心理健康教育的效果

传统文化作为中华民族宝贵的精神财富，是中华民族在伟大复兴历程中的重要元素，以传统文化为基石，提高学生的自我意识，能让学生学习传统文化中的高尚精神，养成中国传统文化中的顽强不屈精神，可以提高学生的思想情操。通过继承和弘扬传统文化，激发学生内心深处的自我教育，结合传统文化进行内在的心性修养。传统文化的精髓是孝、悌、忠、信、礼、义、廉、耻，学生可以在学习传统文化的过程中树立积极的思想价值观念及正确的道德观念，让学生在生活、学习及未来工作中不再以自

我为中心进行社会活动，而是顺应环境，有效地了解自己的个性特点，激发自身的潜在品质。传统文化中有许多名言警句，学生在学习过程中会无意识地评价自己的个性品质，使自己的内部世界和内心品质向传统文化精神靠拢。学生在成长过程中，自尊心会越来越强烈，对外界事物愈发敏感，而且容易受到挫折的影响，被动发展。传统文化既有历史的经验和教训，又有奋斗不息、积极向上、饱含智慧的人生经验；既可以让学生冷静、理智地看待现实，又能让学生积极接纳自我，结合传统文化改善自我。统文化博大精深，将其优秀部分融入心理健康教育，必能大大提升心理健康教育的效果。简单归类，主要体现在如下几个方面：

（一）发扬民族精神，加强精神内涵

心理健康教育中包含意识、无意识内容，意识和无意识内容分离是造成心理问题的主要原因。民族精神以热爱和平、勤劳勇敢、自强不息为依托，是中华民族生存发展的精神支柱，是推动中华民族走向繁荣强大的精神动力。在意识和无意识之间搭建起沟通的桥梁，通过传统文化内容发扬并发扬根植于心底的民族精神。运用传统文化知识，对大学生加强精神内涵建设和引导。

（二）提高道德修养，培养高尚情操

大学生道德规范和行为准则是高校德育教育的最终目的，也是心理健康教育工作的重要内容。中华优秀传统文化中，古人圣贤最讲究道德修养和情操，《三字经》《弟子规》《道德经》等学习，可以让学生提高道德修养、培养高尚情操。道德修养和情操培养，不是一时半会可以完成，不能仅仅依靠思想政治素养教育，还可以借助心理健康教育课的平台，融入传统文化知识，一步一步将道德规范深植于心，外化于行。

（三）完善性格品性，塑造健全人格

心理学知识认为，性格是天生的，无法改变但是可以优化。人格是个体行为的内部倾向，是能力、情绪、性格等内容的整合，具有一致性和连续性的特点。"江山易改本性难移"说的就是性格和人格。大学生稳定人格的形成是人生观、世界观和价值观的不断发展完善，大学生的道德教育有助于大学生性格的完善和人格的塑造。传统文化中的道家思想和文家思想中有很多修身养性的内容，可以借鉴以此教育大学生学会自省，健全人格。

（四）提高自我认知，促进心理健康

认知力是心理健康的重要标准之一，是心理健康教育的主要内容。从心理教育的角度去讲解传授自我认知.自我评价的内容，学生们会觉得单调、枯操，难以接受和消化。充分发掘传统文化中有关自我认知知识、故事或者诗词，增强学生学习兴趣，提高自我认知能力，促进心理健康。尤其在心理健康教育课的导入环节，往往会安排一些提高自我认知力的小游戏、小故事等，可以融入传统文化的故事经典。

（五）中华传统文化和心理健康教育相互促进、相互影响

将中华优秀传统文化取其精华融入心理健康教育，不仅能更好地传承发扬传统文化，更能提升心理健康教育效果，体现共实际教育价值。有助于大学生树立正确的人生观、价值观和世界观，舍弃拜金享乐主义。例如"天行健，君子以自强不息；地势坤，君子以厚德载物""修身、齐家、治国、平天下"等优秀内容，有助于建立和谐人际关系，有助于培养健康情绪，提高抗挫折能力，不畏艰难险阻，不畏困难重重，认识生命的价值。

第八章　中华优秀传统文化与大学生创新素养

创新是一个民族进步的灵魂，是一个国家兴旺发达的不竭动力。是否具有较强的创新能力，已成为判断一个人、一个企业乃至一个国家是否具有竞争力的一个标准。创新能力是大学生形成自身竞争力的重要支撑，面对日益激烈的市场竞争，大学生要想成功立足职场、立足社会，必须培养创新素质，才能在竞争中永远立于不败之地。

第一节　创新素质内涵和构成

创新是知识经济时代的一个显著标志。我国高等职业教育的思路是"以服务为宗旨，以就业为导向，走产学研结合的道路"。而人才培养创新模式的内容就是培养大学生的"三种能力"：动手能力，实践能力，可持续发展能力。而实施素质教育，就是全面贯彻党的教育方针，以提高国民素质为根本宗旨，以培养学生的创新素质和实践能力为重点。创新素质是创新人才必备的素质之一，是创新潜能转化为创新能力的关键。所以，培养学生的创新素质和创业能力是社会的要求，也是学生在激烈竞争中安身立足的有力保障。

一、创新素质内涵

（一）创新

1. 创新的概念

创新这一概念是美籍奥地利经济学家熊彼德在 20 世纪初提出来的，他在《经济发展理论》把创新定义为"新的或重新组合的或再次发现的知识被引入经济系统的过程。"他的理论构成了现代创新研究的基础，也是各国国家创新体系（NIS）的研究起点。熊彼特对创新的实质和范畴作了开创性的分析。时至今日，创新的定义依然处于百家争鸣的状态，如：

（1）从词语本身的含义界定。如《辞海》对"创新"的解释是："创"为"创始"或"首创"之意。"新"为"初次出现"或"改旧更新之意"。现代汉语词典对"创新"一词的解释为：抛开旧的，创造新的；指创造性。

（2）从精神寓意角度界定。有学者认为，创新的含义，就是打破常规，背离过去的经验和思维方式的一种科学精神。

（3）从哲学的角度界定。有的学者认为，创新是人类的一种认识方式和实践方式，是人类的主体行为，即人类处在被认识对象和被改造对象面前的主体能动性的体现，是主体力量的对比。

（4）从研究对象角度界定。有的学者认为，创新有两种，一种是技术创新，它在自然界中为某种自然物找到新的应用，并赋予新的经济价值；一种是社会创新，它在经济与社会中创造一种新的管理机构、管理方式和管理手段，从而在资源配置中取得更大的经济与社会价值。

（5）从运动过程和结果角度界定。有的学者认为，创新是根据一定目的的任务，运用一切已知信息，开展能动思维活动，产生某种新颖、独特、有社会或个人价值的作品的智力品质。

（6）从创新的组成结构进行界定。有的学者认为，如果从静态的角度审视创新，可以把创新定义为：凡是在已知信息的基础上，经过思维活动或者实施行为，产生具有新颖性、独创性、价值性成果的活动就叫创新。如果从动态的角度审视创新，也可以说：创新就是由取得观念成果到产出再造成果的系统运动过程。

上述定义对于各自领域而言，都具有一定的权威性。我们认为创新是一个复杂、综合的过程，创新，最主要的意思是"新"。既可以是前所未有的新，也可以是在原有基础上发展改进的新，即包含创造、改造和重组等意思。创新的本质是进取，是推动人类文明进步的激情；创新就要淘汰旧观念、旧技术、旧体制，培育新观念、新技术、新体制；创新的本质是不做复制者。创新是人的创造性劳动及其价值的实现，具有价值取向性、目的明确性、综合新颖性。

综合上述观点，可以从三个层次对创新的内涵进行界定：

第一，从宏观历史的角度看，创新是人类在实践过程中，通过开展创新思维活动，创造性解决某些问题，获得首创性产品，推动历史前进的活动过程。即原始创新。

第二，从微观阶段性角度看，创新是创新主体在原始创新基础上，博采众长，吸纳优势，并通过持续发展，产生新产品的过程。即综合性创新。

第三，对个体而言。创新是创新主体在实践过程中，不断挑战自我，超越自我并形成良好的创新素质的过程，即自我创新。

2．创新的特征

（1）创新是创造性和风险性的辩证统一。

创新的本质在于"创"，既敢于打破常规、敢走新路、勇于探索。创新的这种本质也决定了创新之路充满了变数和不确定性。它既可能成功，也可能失败；既可能被承认，也可能遭批评；既可能得到推广，也可能被覆灭。

（2）创新是求异性和综合性的辩证统一。

创新是一种求异思维活动和实践活动，以求异而非求同为其价值取向，熊彼特曾给创新下了一个经典的定义：创造性地破坏。但创新的求异是以综合为支撑，创新一般是博采众长，吸纳优势的综合活动。它既对某一样本有明显的继承性，又绝对不是简单重复，而是在综合过程中发展成为一种与原有各方面有显著差异的新事物。

（3）创新是价值性和新颖性的辩证统一。

从熊彼特对创新的定义看，"创新"不仅含有一定的新颖性，而且更重要的是还具有其经济上的价值性。仅仅只产生有新颖性而无价值性产品的活动不是"创新"，它不仅不能推动社会的发展，还会造成资源浪费。

（4）创新是继承性和发展性的辩证统一。

知识经济时期的创新将呈现三个特点：由一次性创新向持续性创新转变；由个别创新向系统创新转变；由专家创新向全员创新转变。因此创新需要对已有成果进行丰富、扩展或扬弃，需要对前人成就的扎实研究和深刻了解，需要一点一滴的积累和长期不懈的努力。

（二）创新素质

创新可以分为三种类型，一是原创型，即原始创新，只存在"元素"，没有参照模型。二是组合型，即集成创新，从现有模型中，各取其部分重组。三是模拟型，即引进、消化、吸收再创新，将已有模型，在不同时空进行移植。

创新素质，是指人在先天遗传素质基础上，后天通过环境影响和教育所获得的稳定的、在创新活动中必备的基本心理品质与特征。包括创新意识、创新个性和创新能力三部分。具有可以开发和培养及价值取向性的特征。

创新素质是人的整体素质中最重要的一部分。创新素质与一般素质的关系如下：

1．创新素质是一般素质的进一步发展

一般素质是指素质主体所达到的总体的身心水平，包括思想素质、科

学文化素质、身体素质等，内容十分丰富。如果一个人各方面的素质都达到了较高的水平，就可以称之为"全面发展的人"。但是全面发展的人是否就一定具有创新能力呢？不一定。如果全面发展的一般素质中，含较多的创新素质成分，那么就可能具有较强的创新能力，否则其创新能力就难以凸显。对于创新素质而言，一般素质只是起到一种基础性的支撑作用，创新素质是一般素质的提升和发展。

2. 创新素质比一般素质对创新的作用更为直接

一般素质水平较高的人，从事普通重复性劳动工作会做得很出色，但从事创新活动就未必会做得得心应手，因为创新活动更直接地依赖于人的创新素质。我们经常见到这样的现象，一些在校期间素质发展较为全面的学生，走上工作岗位后成为特别突出的人才，成为备受关注的创新型人才；有些在校时，素质没得到全面发展的学生，由于不爱独立思考、缺乏有冒险精神，走上工作岗位也表现平平。其重要原因之一，就是两者的素质成分不同，在后者的素质构成中，创新素质成分较多，容易产生更多的创新成果。

3. 创新素质是一般素质的主体和核心

虽然创新素质只是指那些与人的创新活动有关的身心成分，没有一般素质涵盖的范围广，但创新素质所包含的具体内容几乎涵盖了一般素质的绝大部分，创新素质已成为一般素质的主体。

人的一般素质的强调是解决问题、适应环境，而创新素养则谋求更好的生存和发展状态，其中创造性地解决问题的创新能力是人们追求的更高的境界。人的创新素质在实现人的一般素质的价值目标时，具有不可取代的作用，所以说创新素质是一般素质的核心部分。

二、创新素质构成

一般来说，创新素质是由两个方面组成：一方面是创新动力系统，包括强烈的动机、不懈的追求、自主性、好奇心、挑战性、求知欲等等。另一方面是创新能力系统，包括创新思维能力，获取和利用新的知识信息能力，操作应用能力等。

创新动力系统就是培养学生的创新意识，培养不囿于现状或现有的答案，以及打破传统，敢于提出问题及探索新的问题的精神。这是创新素质的精髓，是创新素质的理性引导方面。

创新能力系统是指在原有的知识水平的基础上，在科学、艺术、技术和各种实践活动领域中不断提供具有经济价值、社会价值、生态价值的新思想、新理论、新方法和新发明的能力。创新能力是民族进步的灵魂，是经济竞争的核心；当今社会的竞争，与其说是人才的竞争，不如说是人的创造力的竞争。具体来讲，创新素质是由以下三部分构成。

（一）创新意识

心理学告诉我们，意识由三组因素构成，创新意识也不例外。

一是创新认知，包括观察、记忆、想象、思维的创新性。

二是创新情感体验，包括创新需要、创新动机、创新热情、创新兴趣、创新意志、创新性格。

三是创新行为倾向，表现为善于发现问题、求新求变、积极探究的心理取向。

创新意识是一种超越意识，推崇创新、追求创新和以创新为荣的价值意识。这是创新的灵魂和动力，也是创新型人才的重要标志。只有在强烈的创新意识引导下，人们才可能产生强烈的创新动机，树立创新目标，充分发挥创新潜力和聪明才智，释放创新激情。具体表现为：不安于现状、不因循守旧、以创新为乐、以创新为荣，有创新激情、常产生创新冲动。

（二）创新人格

创新人格就是培养和发展有利于创新或富有创造性的人格特质。人格，在心理学中指个性，是人作为主体所必然具有的各种精神品质的内在整体结构。创新人格是创新素质中比智力因素更为重要的方面，是创新素质内在的自然倾向性，是不直接参与对客观事物认识的具体操作，但对活动起动力和调节作用的非智力因素，如需要、动机、兴趣、世界观、价值观、性格、气质、理想信念等个性心理品质构成的精神能力。美国学者认为，创新的特点包括以下五个方面：创新必须经过人的努力才能产生；创新需要战胜社会成见的挑战；创新需要付出艰辛的劳动并承担一定的风险；创新来自原创力、责任感和坚强的毅力；人们可以对创新加以识别、学习和应用。上述五个方面的特点均涉及创新人格的特点，既涉及创新的欲望、动机等，也涉及创新的意志品质、理想、信念等。一个人要进行创新，不仅需要一种追求创新的意识，一种善于发现和把握机会的思维敏锐性，一种积极改变自己并改变环境的应变能力，而且非常需要有一种乐于探索，坚持不懈地把自己的新思维付诸实施的人格品质。

（三）创新能力

所谓"能力"，通常指完成一定活动的本领。创新能力是以独特敏感性和自发性将各种经验产物重新组合成新形式的素质。它不仅仅指对各种知识的进一步获取，还包涵对知识的创新与综合。正如美国心理学家特莱奇曼所说："它似乎超越了所要求完成的任务；它锻造新的连接；它发展新颖的和独特的关系；它创造出意想不到的和出人意料的综合。"创新能力包括掌握创新的原理、技巧、方法，具备良好的创新技能，主要包括深刻的认知力、敏锐的观察力、丰富的想象力、独特的思维力、集中的注意力、高效的记忆力、独创的实践力等，也包括在知识经济时代人们日益认识到重要性的信息能力。

三、创新与大学生成人成才

建设创新型国家，是党中央、国务院从全面建设小康社会、开创中国特色社会主义事业新局面的全局出发做出的一项重要的战略决策。建设创新型国家，关键在人才，而大学生作为国家专门培育的专业性人才更是创新型国家建设的有力储备。所以，大学生创新素质的形成不仅是一个关乎个人命运前途的话题，也不仅是个体成长成才的内在需要，更是一个事关国家命运和民族前途的话题。

而长期以来，由于传统教育模式和教育思想的影响，我国的教育培养模式相对单一，考核方式对学生有很大的限制，忽视了学生个性培养，在一定程度上影响了学生发散性、创造性思维的发展。21 世纪知识经济的时代，只有培养出具有创新精神和创新能力的复合型人才，才能参与到世界竞争中。虽然我国教育改革一直在进行，但是我们在培养大学生创新能力方面与社会发展需求还存在一定的差距。所以，加强大学生创新素质培养势在必行。

（一）创新是提升国家竞争力的必由之路

创新是知识经济时代的一个显著标志。国家的竞争力重在创新能力，而创新归根结底全看人的素质，人才是打造一个具有创新能力生态系统的核心资源。

改革开放以来，我国实现了科技水平整体跃升，已经成为具有重要影响力的科技大国，科技创新对经济社会发展的支撑和引领作用日益增强。当前，新一轮科技革命和产业变革正在孕育兴起，全球科技创新呈现出新的发展态势和特征，新技术替代旧技术、智能型技术替代劳动密集型技术趋势明显。我国依靠要素成本优势所驱动、大量投入资源和消耗环境的经济发展方式已经难以为继。我们必须增强紧迫感，紧紧抓住机遇，及时确立发展战略，全面增强自主创新能力，掌握新一轮全球科技竞争的战略主动。知识经济的发展离不开对知识的创新、生产与传播，离不开对创新人才的培养。纵观世界发达国家强盛的历史，可以发现：积极谋求实现科学研究和人才培养的高度统一，以研究带动培养，以培养促进研究，推进产业发展，是高等教育发展的基本态势。进入知识经济时代，创新型人才的培养和聚集，必将推动科学技术进步，促进社会经济可持续发展，最终成为提高国家核心竞争力的关键。

"提升国家科技竞争力，提高国家综合实力"这项战略不是一朝一夕就可以完成的，是一个需要长期积累和发展的过程，需要一代一代人的不懈努力，更需要持续不断的创新型人才，才能提高国家科技竞争力和综合实力。只有培养出乐于创新、勇于创新、善于创新的具有创新素质的新世纪人才，才能为我国提高国家竞争力和可持续发展提供最有力的保证。

（二）创新素质是社会和企业对人才素质的客观要求

市场经济的快速发展使企业之间的竞争白热化，竞争的关键是人才的竞争。人才的创新素质在一定程度上决定着竞争的成败，市场的争夺要求企业之间必须存在差异化，同质化的企业缺乏竞争优势。保持差异化，培育具有独特的运营流程、管理模式和组织文化，具有核心竞争力的现代企业需要的核心要素就是创新，没有创新，企业缺乏可持续发展的动力，就无法在日益激烈的竞争中处于领先地位。在信息化的时代，互联网广泛应用，所有信息都是公开的，只有速度制胜才能占领市场，谁能最快满足用户需求谁就赢得了市场。同时，消费终端对产品的要求越来越多样化，对产品的种类、功能、外观等诸多要素不断提出新的要求，要快速响应市场，满足客户的需求，企业就需要创新。因此，当前企业在人力资源配置的过程中，突出重视人才的创新素质，这也要求大学生必须具备创新素质。

（三）创新素质是推动大学生健康成长的内在力量

人才的突出特征重在其创造性和创新能力。创新意识是创新活动的前提，有了创新意识才能自发养成创新素质。有了强烈的创新意识的引导，个体才可能产生强烈的创新动机，树立创新目标，主动地捕捉创新灵感和机遇，充分发挥创新潜力和聪明才智，释放创新激情，能动地进行创新活动。外在表现为强烈的创新欲望和冲动，内在表现为强烈的主体意识和竞争意识。这样的人才素质的全面提高并突出地表现出非凡的创造力，才是我们新经济时代的"创新人才"。

但当前很多学生只注重学业考试和学分的过关，忽视了自学能力、独立探索新知识能力的培养，独立运用知识解决实际问题的能力更是得不到很好的锻炼，使得学生只知道死啃书本，只会做题，缺乏学习的主动性和创造性。创新素质可以使大学生学会独立思考，敢于突破传统、敢于质疑和批判、敢于梦想，思维活跃。良好的创新素质一经形成，就会进入不断建构的轨道，并且会成为推动自身健康成长的内在力量。

第二节　创新能力开发

我国上千年的教育发展史，闪烁着一些简单而朴素的创新能力培养的思想和方法。两千多年前，老子就在《道德经》中提出"天下万物生于有，有生于无"的创造思想；孔子提出要"因材施教"以及"不愤不启，不悱不发；举一隅而不以三隅反，则不复也"的思想。1919 年，我国著名教育家陶行知先生第一次把"创造"引入教育领域。他在《第一流教育家》一文中提出要培养具有"创造精神"和"开辟精神"的人才，培养学生的创新能力对国家富强和民族兴亡有重要意义。

一、创新能力内涵

创新能力是指在完成创新活动中表现出来的心理品质，即人类运用已有的知识进行创造、重新改造或组合开发新的东西的能力。创新能力的三要素是素质、方法、环境。创新能力是民族进步的灵魂，是经济竞争的核心。当今社会的竞争，与其说是人才的竞争，不如说是人的创造力的竞争。创新能力的形成要受多种因素的影响。

（一）遗传素质

遗传素质是形成人类创新能力的生理基础和必要的物质前提，它潜在地决定着个体创新能力未来发展的类型、速度和水平。

遗传素质又称天赋，是指个体与生俱来的解剖生理特点，包括脑和神经系统的结构、机能特性，感觉器官和运动器官的机能，身体的结构和机能等。离开大脑这个物质基础，人的创新能力的形成和发展就是无源之水。人类创新能力的形成首先要遵循遗传规律，但我们承认天赋，而不把它当作唯一。

（二）环境

环境是人类创新能力形成和提高的重要条件，环境的优劣会影响个体创新能力发展的速度和水平。这里的环境，包括社会环境和自然环境。社会环境包括家庭、学校和社会上的其他环境。人是社会的人，人的创新实践必然受到环境的影响。人与环境是对立统一的关系，人受环境的制约，但人可以能动地改造环境，这种改造不是某一个人的改造，而是千千万万人构成的社会人的改造。正如马克思所说"人创造环境，同样环境也创造人"。

（三）实践

实践是人们创新能力形成的最基本途径，也是检验创新能力水平和创新活动成果的尺度标准。

创新能力只有在创新实践中才能得到施展发挥，实践是创新能力变成现实的唯一平台。人改造实践的活动也就是创新活动，只有通过社会实践才能把人的创新意识变成现实，而创新能力也必须通过实践才能形成，并通过实践加以检验。

（四）创新思维

创新思维是人的创新能力形成的核心与关键。创新思维的一般规律是：先发散然后集中，最后解决问题。创新能力与创新思维休戚相关，没有创新思维就没有创新活动。创新思维是人的创新活动的灵魂和核心，创新性思维能力是人的创新能力的灵魂和核心。

二、创新能力开发

在科学技术飞速发展的今天，创新意识和创新能力越来越成为一个国家国际竞争力和国际地位的最重要的决定因素。改革开放以来，我国创新能力有了很大提高，少数科学研究和技术创新在世界上也占有了一席之地。但无可置疑的现实是，我国创新能力和国际先进水平的差距较大。改革开放40多年来，我国实现了科技水平整体跃升，已经成为具有重要影响力的科技大国，科技创新对经济社会发展的支撑和引领作用日益增强。当前，新一轮科技革命和产业变革正在孕育兴起，全球科技创新呈现出新的发展态势和特征，新技术替代旧技术、智能型技术替代劳动密集型技术趋势明显。我国依靠要素成本优势所驱动、大量投入资源和消耗环境的经济发展方式已经难以为继。我们必须增强紧迫感，紧紧抓住机遇，及时确立发展战略，全面增强自主创新能力，掌握新一轮全球科技竞争的战略主动。

2021 年 9 月 20 日，世界知识产权组织（WIPO）发布《2021 年全球创新指数报告》（下称《报告》），中国排名第 12 位，较 2020 年上升 2 位。从创新投入看，中国的贸易、竞争和市场规模，知识型工人等 2 项大类指标均处于全球领先地位，阅读、数学和科学 PISA 量表得分，国内市场规模，提供正规培训的公司占比，国内产业多元化，全球研发公司前三位平均支出，QS 高校排名前三位平均分，产业集群发展情况，资本形成总额在 GDP 中的占比，企业供资 GERD 占比等细分指标排名靠前。这表明中国在促进产学研合作，发展特色产业，做实做强做优实体经济等方面采取了更多措施，为企业创新发展营造了更好的环境。

（一）开发大学生创新能力的意义

1. 有利于缓解激烈的社会就业压力

面对日趋严峻的就业形势，开发大学生创新能力能开发大学生创造性思维，提高综合素质和就业创业能力，对于大学生参与社会竞争有很强的现实意义。大学生具有强烈的求知欲和好奇心，独立性逐渐加强，依赖父母的心理逐渐消失，社会责任感和道德感明显增强，同时又处在人生的转折和突变时期，有很大的可塑性，所以开发大学生创新能力能使他们在就业竞争中具有更强的竞争力，在社会中也必将具有更强的生存能力，从而缓解就业压力。

2. 有利于推动创新型国家的建设

创新是一个民族进步的灵魂，是一个国家兴旺发达的不竭动力。一个拥有创新能力和高素质人力资源的国家，将具备发展知识经济的巨大潜力；一个缺少雄厚科学储备和创新能力的国家将失去知识经济带来的机遇。21世纪的竞争是经济和综合国力的竞争，最终归结为高素质、创新人才的竞争。各高校是人才培养的摇篮，在教育创新中担负的首要任务就是培养具有创新能力的毕业生，从而能够担负起振兴民族大业的重任。

3．有利于大学生适应市场经济发展的需要

随着市场经济的发展，城乡产业结构将依据市场的不断变化进行相应调整，从而带来劳动力的转移和市场岗位的转换，以及新技术、新工艺的实施，新产品的开发和创造，这就要求未来的劳动者不仅要具备从业能力，还要具备创新创业能力。不断加强大学生创新创业能力的培养正是适应了市场经济对人才培养的诸多要求。

（二）开发大学生创新能力的途径

作为国家发展的贮备力量，大学生创新能力、创新思维等创新素质的形成显得尤为重要。大学生创新能力的开发，有赖于主观和客观两方面因素。所谓主观就是作为主体价值存在的大学生自身；客体即大学生所处的环境，包括家庭环境、学校环境和社会环境。作为主体的大学生更要自觉地开发自身的创新能力。

1．对学习研究的事物要有好奇心

牛顿少年时期就有很强的好奇心，他常常在夜晚仰望天上的星星和月亮。"星星和月亮为什么挂在天上？星星和月亮都在天空运转着，它们为什么不相撞呢？"这些疑问激发着他的探索欲望。后来，经过专心研究，他终于发现了万有引力定律。能提出问题，说明在思考问题。好奇心是包含着强烈的求知欲和追根究底的探索精神，谁想在茫茫学海获得成功，就必须要有强烈的好奇心。正像爱因斯坦说的那样："我没有特别的天赋，只有强烈的好奇心。"

2．对学习研究的事物要有怀疑态度

被人验证过的并不一定都是真理。许多科学家对旧知识的扬弃，对谬误的否定，无不是自怀疑开始的。伽利略正是始于对亚里士多德"物体依本身的轻重而下落有快有慢"的结论的怀疑，才发现了自由落体规律。怀疑是发自内在的创造潜能，它激发人们去钻研，去探索。对待所学习或研究的事物我们应做到：不要迷信任何权威，应大胆地怀疑。这是创新的出发点。开发创新能力提倡不迷信书本、权威，我们并不反对学习前人经验，任何创新都是在前人成就的基础上进行的；开发创新能力提倡大胆质疑，但质疑要有事实和思考的根据，并不是虚无地怀疑一切。

3．对学习研究的事物要有求异观念

创新不是简单的模仿，要有创新精神和创新成果，必须要有求异的观

念，不要"人云亦云"。求异实质上就是换个角度思考，从多个角度思考，并将结果进行比较。求异者往往要比常人看问题更深刻，更全面，如果没有强烈的追求创新欲望，那么无论怎样谦虚和好学，最终都是模仿或抄袭，只能在前人划定的圈子里周旋。

4. 对学习研究的事物要有冒险精神

创造实质上是一种冒险，因为否定人们习惯了的旧思想可能会招致公众的反对。冒险不是那些危及生命和肢体安全的冒险，而是一种合理性冒险。大多数人都不会成为伟人，但我们至少要最大限度地挖掘自己的创造潜能。

5. 对学习研究的事物要做到永不自满

开发创新能力，就要不满足于已有认识，不断追求新知；不满足现有的生活生产方式、方法、工具、材料、物品，根据实际需要或新的情况，不断进行改革和革新；不墨守成规，敢于打破原有框框，探索新的规律，新的方法；不迷信书本、权威，敢于根据事实和自己的思考，同书本和权威质疑；不盲目效仿他人，不人云亦云，唯书唯上，坚持独立思考，说自己的话，走自己的路；不喜欢一般化，追求新颖、独特、异想天开、与众不同；不僵化、呆板，灵活地应用已有知识和能力解决问题。

一个有很多创造性思想的人如果就此停止，害怕去想另一种可能比这种思想更好的思想，或已习惯了一种成功的思想而不能产生新思想，结果就会变得自满，停止了创造。

第三节　大学生创新素质教育

一、创新素质教育内涵

（一）创新素质教育的概念

顾名思义，创新素质教育的概念容易出现两种理解：第一，理解为对素质教育的创新；第二，理解为创新素质的教育。如前所述，我们所说的创新素质教育是指创新素质的教育。

创新素质教育是强化创新意识、训练创新思维、提高创新能力、塑造创新人格、增强创新素质的教育，是以创新型人才培养为根本价值取向的教育，是高层次的素质教育。创新素质教育强调以人为本，强调培养人的主体意识，强调基础性、发展性与创造性的统一，强调智力因素和非智力因素的统一。

创新素质教育也是融知识教育、能力教育、素质教育于一体的综合性教育。首先，创新需要丰富的知识积累，丰富的知识是创新的原材料，否则创新就会成为无源之水，无本之木。其次，创新需要综合能力的支撑，离开了潜能激发和能力发挥，创新就无法实现。第三，创新需要综合素质的保障，创新是一个复杂的过程，不仅需要知识、能力作为基础，还需要素质的保障。思想道德素质保障创新的方向，身心健康素质保障创新的行为，科学文化素质保障创新的内容，专业素质、学习素质、信息素质、创新素质、职业素质保障创新的实现。

（二）创新素质教育的的渊源

创新素质教育是伴随着人类的创造实践活动而产生并逐步明确、逐步形成的。创新素质教育从创造教育、素质教育、创新教育不断衍化而来。

有关创造教育的思想是 20 世纪初提出来的。1936 年，美国通用电气公司为了提高职工的创造能力，首次开设了《创造工程》课程，它不去研究发明创造出来的成果，而是专门研究成果是怎样发明出来的。后来人们把这门科学叫作创造学，而把创造学运用到社会或学校教育上，则称之为创造教育。创造教育是创造学的分支，是专门研究人类发明创造活动的规律及其运用的。

在我国明确提出创造教育的是近代教育史上的著名教育家陶行知先生，他于 1939 年在重庆创办育才学校，明确提出了创造教育的理论。设立"育才创造奖金"，发表《创造宣言》，提出"处处是创造之地，天天是创造之时，人人是创造之人"。并提出对眼、手、脑、嘴、时、空的六大解放，还进行了大量创造教育的实践，培养出了一批创造型人才。

创新教育是随着知识经济兴起而出现的一种教育理念。它是通过培养学生的创新意识，打造创新人格，开发创新能力，提升学生的创新素质，为今后的创新、创造活动打下良好的基础。

1995 年全国科学技术大会指出："创新是一个民族进步的灵魂，是国家兴旺发达不竭动力。"此后，中国科学院为了实施建设国家创新系统，启动了《知识创新试点工程》；教育部提出要全面推进素质教育，并从 1999 年开始实施了《面向 21 世纪教育振兴行动计划》；党的十五大以来，各次党代会报告对创新的提法不断深化，十七大报告将提高自主创新能力、建设创新型国家摆到国家发展战略的核心地位和提高综合国力的关键地位，这对创新型人才培养工作提出了更新、更高、更迫切的要求。时至今日，我国科技界、教育界的许多专家学者纷纷撰文提出应当从素质教育的角度将创造教育、创新教育综合为创新素质教育。党的十九大报告提出坚定实施创新驱动发展战略，表明我们党把实施这一战略作为一项重大而长期的任务，摆在国家发展全局的核心位置。党的二十大报告提出必须坚持科技是第一生产力、人才是第一资源、创新是第一动力，深入实施科教兴国战略，人才强国战略，创新驱动发展战略，开辟发展新领域新赛道，不断塑造发展新动能新优势。加快建设创新型国家是我国迈向现代化强国的内在要求。

二、创新素质教育的原则

创新素质教育原则是创新素质教育规律的体现，是实施创新素质教育必须遵循的行动准则。在大学生创新素质教育实施过程中应遵循以下基本原则。

（一）进步性原则

实施创新素质教育必须坚持进步性原则，不违反法令和伦理道德。坚持这一原则，就是要培养学生进步的先进的创新意识，树立为祖国、为人民、为人类、为和平、为正义而创新的世界观。凡是有利于发展与解放生产力，有利于发展经济、改善与提高人民生活的，有利于人类社会稳定、和平与安全的，就去创新，就去创造。凡是危害人民、危害人类、危害和平的创造与发明，就不能去尝试。

（二）整体性原则

实施创新素质教育必须坚持整体性原则，根据系统科学原理，统筹规划，科学运作，追求实施创新素质教育的整体效益。依据这一原则，学校实施创新素质教育，就要围绕培养创新型人才的需要，教学体制、教育观念、教育模式、教育内容、教育条件、教育评价、教育环境等诸因素进行综合改革，系统创新，系统优化，建立良好的创新素质教育运行保证机制与体制。

（三）主体性原则

实施创新素质教育必须坚持主体性原则，坚持落实学生主体地位，尊重学生，信任学生，让学生主动活泼地发展。坚持主体性原则，教师就要讲民主，变课堂为学堂与讲堂结合；变只传授知识为既传授知识又培养创新能力结合；让学生从沉重学习负担中解放出来，让学生有较充足的想象与创造的时间。坚持主体性原则，就要坚持共性与个性一起抓，既注意对共性的全体全面的培养，又要注意对个性的发展，特别是要重视对创造个性的培养。

（四）创新性原则

实施创新素质教育必须坚持创新性原则。要实现人才培养模式创新，由培养单一的专业人才向复合型、创新型人才转变；要实现教学方式创新，第一课堂要注重启发式、研讨式、问题式教学，第二课堂要深化校园课外科技活动、构建课外科技活动运行保障机制、激励措施；实践教学要创新，要增加设计性实验，加强社会实践基地建设；课程体系要创新，课程设计要有针对性，基础课程要突出系统性和基础性、专业课程要突出应用性和前沿性，选修课程要突出综合性和应用性等。

（五）实践性原则

实施创新素质教育必须坚持实践性原则，坚持实践第一，坚持教、学、做相结合，让学生在实践中学习，在实践中创新。坚持实践性原则，就要走出课本，走出课堂，走出学校，贴近生活，贴近自然，贴近生产，贴近高科技。坚持结合现实，结合实际教、学、做。坚持实践性原则，就要开展丰富多彩的创造性的活动，让学生自己设计，亲自体验，自我评价，体味创造的滋味。

（六）发展性原则

实施创新素质教育必须坚持发展性原则。在创新素质教育过程中，学校要紧跟时代发展的步伐，认清时代发展的潮流。创新型人才、创新素质教育都是时代发展的产物，都是历史的概念，不同的时代，对于创新型人才有不同的评价标准、有不同的要求。因此，创新素质教育要体现时代性，能与时俱进，伴随时代变化，不断更新教育思想、教学模式，以此保持学校持续性发展，培养具有可持续发展能力的创新型人才。

三、大学生创新素质教育的内容

"教育什么"和"怎样教育"，是实施大学生创新素质教育时必须思考并回答的两个基本问题。"怎样教育"属于教育方法的范畴。"教育什么"属于教育内容问题，是实施大学生创新素质教育的核心问题。从近年来高等学校尝试创新教育和创新素质教育的实践经验，当前大学生的创新素质教育至少应突出以下几个方面的内容。

（一）基于培养学生良好知识结构的科学与人文素质教育

科学素养、人文素养既是当代大学生综合素质的重要体现，也是创新人才应该具备的基本素质。科学和人文，是构成人类文明的两翼，其中任何一方缺失都会严重制约人的全面发展和社会的全面进步。我国以往高等教育的弊端之一，就是专业设置过专过细，科学教育与人文教育割裂，人文教育过于孱弱，导致了人的片面发展，影响创造力的充分发挥，难以产生大师级人物。钱学森同志告诫我们："一个有科学创新能力的人不但要有科学知识，还要有文化艺术修养，没有这些是不行的。小时候我父亲正是这样对我进行教育和培养的，他让我学理科同时又送我去学绘画和音乐，就是把科学和文化艺术结合起来。我觉得艺术上的修养对我后来的科学工作很重要，它开拓科学创新思维，现在我要宣传这个观点。"国内外著名高校的创新人才培养都充分体现了素质教育和个性化培养，其课程体系的共性特点：一是重视多学科交叉，强化综合素质培养；二是前期着重宽厚基础，后期突出宽口径的专业教育。

（二）创新意识的激发

创新意识是创新素质的基础层，大学生创新意识的形成是大学生创新的驱动力。

创新意识是开展创新活动的前提，对于大学生来说，没有创新意识，就不可能产生创新的需求和萌发创新的动机，也不可能深入持久地开展创新活动。如果说伽利略没有对亚里士多德提出的"物体下落速度和重量成比例"的观点提出质疑，也就不会去做"两个铁球同时落地"的著名实验，亚里士多德提出的持续了1900年的"物体下落速度和重量成比例"的错误结论就不会得到纠正。由此可见，创新意识是创新的前提。

（三）创新人格和创新思维的塑造

大学生创新思维和创新人格的形成使他们具备了"创新"的条件，具有了持续创新的内在动力。

创新思维是相对再现性思维的一种思维方式，它具有开放、求异、批判性等基本特征。创新思维既包括逻辑思维的严密的推理、客观的分析和精确的计算，也包括非逻辑思维的直觉、灵感、想象等体悟的思维方式。爱因斯坦有一段为大家所熟知的话，对科研中想象力和直觉的作用作了高度评价，他说："我相信直觉和灵感。想象力比知识更重要，因为知识是有限的，而想象力概括着世界上的一切，推动着进步，并且是知识进步的源泉。严格地说，想象力是科学研究中的实在因素。"以创新思维教育的内容包括培养学生的创新思维习惯与技能，尤其注重被传统教育忽视了的非逻辑思维教育，强化学生的想象、联想、灵感、直觉等思维水平，教会学生发散思维、横向思维、逆向思维等求异技巧。

培养学生具有创新人格是创新素质教育的重点，创新素质教育本质上是一种文化和人格教育。创新人格为创新活动提供心理状态和背景，对创新能力的发展和创新任务的完成起到引发、促进、调节和保障作用。培养学生的创新人格包括：培养学生高度的社会责任感，激发学生追求科学、追求真理的激情；培养学生关注现实、关注前沿的学术品格；培养学生强烈的求知欲和坚韧不拔的毅力；培养学生"敢为天下先"的勇气和科学怀疑、理性批判的精神；培养学生开放的心态以及团结协作的精神等。人格塑造不只是一个理性认知的过程，它实际上是一个潜移默化的"修身养性"过程，是通过人们对己、对人、对事的稳固的态度体系的建立，通过良好的行为习惯的养成而实现的。

（四）创新能力的开发

创新能力是创新素质结构中的核心，它实际上是上述各要素综合作用的结果，是创新素质的表现形式。大学生在具备了创新意识、创新精神、创新思维、创新人格各要素后，创新能力自然而然就会显现出来。

四、大学生创新素质教育的方法

大学生创新素质的提高有赖于科学的培养方法。为了培养创新型人才，主要发达国家在教育体制、人才培养模式、课程设置、教学管理制度、教学模式以及教育评估等方面都进行了改革，采取了一些针对性的措施。近年来国内的高校也进行了许多有益的探索和尝试：从宏观层面上以转变教育思想为指导，转变教学观念；从中观层面上营造教学环境，加强教学环境现代化建设，深化教学管理体制与运行机制改革；从微观层面精心设计实施，抓住课堂、实践、课外、评价几个主要环节，积极探索创新素质教育的实施方法。

（一）探究性学习法

在课堂教学环节中，中国传统的教育思想是教育者承担着"传道、授业、解惑"的责任，因此教学方法以讲演式为主，学生则是被动地听取、接受。探究性学习就是把教学过程由教师的单向讲演转变为师生平等的对话和讨论，共同探究、相互交流。教师是引导者，学生是探求者。教学从创设问题情境出发，激发学生的兴趣和探究激情，引导学生自主探究和体验知识的发生过程，还原原来的科学思维活动。通过师生互动双向交流的形式，鼓励质疑批判和发表独立见解，培养学生积极的思维习惯和研究问题的意识、解决问题的能力。自 20 世纪 80 年代以来，美国研究型大学的探究性学习有了很大的发展，呈现出多种模式。除了"苏格拉底教学法"、"案例教学法"等传统的模式之外，还有基于问题的学习、基于课题的学习、研讨（seminar）、探究性课程等。美国大学普遍开设高峰体验课程，在教学方法方面进行了广泛的改革，将项目研究、个案研究、小组学习、书面交流、实践锻炼、野外旅行、班级讨论、客座教授讲学等教学方法引入教学过程。近几年，我国大学开始在本科生教育阶段引入讨论、案例教学等方法，取得了一定成效。

（二）探索性研究法

创新始于问题，源于实践，本科生科研是培养创新型人才的一个有效措施。创新意识的形成，创新思想的产生不是一蹴而就的，是需要一个过程的。这就需要在探索性研究过程中不断加强这种创新意识。在研究过程中要系统地涉及本领域的研究动态、最新成果与发展趋势，就会促使学生主动去了解本领域的先进成果和相关领域的知识，调动学生学习的积极性和涉猎其他学科领域的主动性，为培养学生创新实践能力奠定良好基础。随着探索过程一步步深入，主动创新意识将可能逐渐地被激发，并且被自觉地应用到以后的科研工作中去。国内有条件的大学已把本科生科研纳入本科生教育计划，通过设立本科生科研学分、本科生科研津贴等措施，鼓励本科生参加科技研发或成果转化工作；积极为大学生创造研究性学习环境、开放性科研训练环境和实习实训环境，鼓励大学生休学创新创业；组织有创新成就的科技人员为大学生开设学术讲座，大力促进先进科研成果转化为教学内容和人才培养效益。这样，在探索研究过程中，培养学生具有一种主体性的认知、表达、操作和创造能力，体现学生的主体性和创新性。目前的大学生科技创新活动，如数模竞赛、电子设计大赛、机械设计大赛、结构设计大赛等都是促进学生探索性研究的有效载体。

（三）团队协作法

在主动创新意识的培养中，团队的作用是不可忽视的，虽然创新意识要追求的是具有不拘一格、富于个性化倾向的特征，团队协作法对于创新素质的培养作用在于：从团队的智慧中吸取创新思想的基础，从其他人的观点与想法中得到启发，弥补个人的思维误区，并在相互协作中完成个人不能完成的任务。科学的发展使现代的科学研究成就大都是团队成就。在学生创新素质的培养中同样可以组成团队或协作组，创建学生活动基地，为创新素质的培养搭建平台。北京航空航天大学的本科生"北航一号"探空火箭团队，14 名同学划分为火箭总体、动力系统、点火控制系统、分离回收系统、数据采集系统和地面发射系统 6 个不同部分协同工作，"团结一心，顽强拼搏，勇于创新，无私奉献"，不仅为中国的航天事业培养人才探索了一种模式，同时，也给其他高校提供了有益的借鉴。

（四）评价激励导向法

学生创新能力的有无、大小或持续性与鼓励创新的机制密切相关。鼓励创新的长效机制是引导主体创新的制度性保障，涉及政府、学校的人才、奖励、知识产权制度建设各个方面。当前，高校本科生培养迫切需要建立鼓励创新的评价和激励引导机制，唤起学生的内在动力，对学生的个性发展予以保护，对学生在教学和实践过程中的创新予以肯定，对取得创新成果的创新人才给予物质奖励和精神鼓励。

例如在探索性研究中要大胆地鼓励学生去创新，以创新为追求目标，而不鼓励其简单重复与模拟。进行总结性评价的同时，要重视形成性与诊断性评价，对极有创新思想的学生，就算课题完成得不是很圆满，也将给予高度的评价与鼓励。对学生学习状况的评价，传统的评价模式往往采取考试、特别是闭卷考试的方式来评价学生的水平，重知识考核，轻能力考核，评价方式和考试方式单一，锻炼了学生的记忆力，扼杀了他们的创新性。所以发展方向上一要精心设计考试内容，增加考查学生运用知识分析解决问题的能力的考题，如案例分析题、主观论述题等；二要采取多种考核方式，如开卷考试、撰写科研小论文、文献综述等；三要避免以期终考试成绩定终身的情况，可以结合学科特点，通过让学生自学、查阅资料、调查研究，最终解决问题，以此考核学生发现、分析和解决问题的能力，发挥其主动性和创造性。总之，要既能检测学生的基础知识掌握程度，又检测学生的创新能力，使评价真正起到激励和导向作用。

第四节 中华优秀传统文化教育与高校创新人才培养的结合点

一、中华优秀传统文化与创新的关系

谈及"创新"二字，国内不少学者通常很难会将"创新"与"中华优秀传统文化"自然地联系起来，认为中华优秀传统文化本身就缺少一种鼓励创新的基因。这种观点蔓延的成因，归根结底在于对中国优秀传统文化缺少感性的认知和理性的升华。创新是一个民族不竭发展进步的灵魂。中华优秀传统文化历经几千年岁月的考验和冲刷，遭遇无数的挫折和冲击，而始终能巍然挺立、屹立不倒，其根源就在于生生不息的创新品质。诚如，国学大师张岱年老先生就曾指出："历史证明，中华民族是具有创新精神的民族，是一个坚强不屈，不断发展的民族"。

创新体现了人类的创造特性。创造性的实践活动，充分展现了人类特有的本质力量。同样，在哲学的视角下，文化是人类创新性的结晶，是人类创造力的表征，而非源于自然的馈送。纵览万物，凡是被打上文化烙印的物质，无一不是源自于人类的创造和再创造。因此，可以毫不夸张地说，整个人类文化史就是人类创造的历史，是人类创新性或创造力不断跃升的历史，是人类勇于突破、不断创新的历史。在此视域下，世界上的所有文化，从来都不缺少创新基因，都是基于创新而产生。所有的文化，都是富于创新性或创造力的。

中华优秀传统文化是中华民族的历史传承，传承的动力来自创新。某种意义上说，历史的发展需要由文化来展现出来，文化的传承与发展也是在说明历史的进步程度。历史进步的实质就是创新，优秀传统文化是在历史传承中创新发展，从一定程度上来讲，是历史进步的终极标准。从这个角度来看，优秀传统文化与创新二者之间从来都不是割裂存在的。

中华优秀传统文化与创新二者具有诸多的结合点，具体表现在：

（一）中华优秀传统文化为创新提精神供动力和思想源泉

中华优秀传统文化具有辩证发展的优良传统，因而内在地包含着"求变"的创新精神。中华优秀传统文化认为宇宙是变化无穷、无限发展的。宇宙从整体上说是一个生生不已的大生命，它总是在和谐有序地运转着，人们要在事物的变化发展中不断达到平衡、和谐的状态。例如，《易经》中的"易"，就是变化、变易的意思，它始终以变化、变易为主题。因而不遗余力地向人们讲述变化与发展的观念，强调"穷则变，变则通，通则久"（《周易·系辞下》）。因而主体应当不断适应"时"的变化。其所倡导的"时中"的主体哲学，本质就是强调价值主体必须有一种积极主动的适应性、顺应自然规律的创新性的生命态度。从"时"的哲学到"与时俱进"的理念，二者是具有内在联系的，都强调趋时应变、创新发展。

中华优秀传统文化具有的这种"求变"精神，必然使它变现出"求新"的创新精神。《孙子兵法》指出："军无常势""水无常形"，"因能故变而取胜者，谓之神"，强调求变是为了求新。《大学》中就提出"苟日新，日日新，又日新"，中华优秀传统文化从来都不缺少求新的精神。在中国历史上，我们的先贤智者们都是主动顺应天地之道，积极适应外部环境求新谋突破。就社会发展进步而言，如战国时期的商鞅变法、北宋王安石变法、明朝张居正变革等。就文学艺术创作来看，如果没有创新思想，就不会出现唐诗、宋词、元曲的独领风骚。

中华优秀传统文化倡导的"求变""求新"是建立在对事物正确认识、深刻把握的基础上的，因而它又必然具有"求知"的探索精神。中国是崇尚读书求知的王国，立志于学、勤奋刻苦是获得知识的前提和保证，是千百年来无数知识分子身体力行的经验总结。为此，孔子就主张君子要"博学而笃志，切问而近思"（《论语·子张》）。学术研究是极其艰苦的精神创造活动，传统的知识分子甘于寂寞与清贫，正是有了"板凳甘坐十年冷"的精神，才敢有"文章不写半句空"的承诺。古代学人刻苦学习、勤于钻研的范例俯拾皆是，正是这些珍贵的品质、坚韧的毅力和崇高的人格魅力，给创新活动的开展提供了强大的精神动力。

（二）中华优秀传统文化为创新提供方法之基

中华优秀传统文化能够为创新提供科学的学习、思维和实践方法。主体进行创新的过程同时也是其学习的过程，并在学习中创新突破。在求知学习的过程中，中华优秀传统文化一直推崇好学善思的学习风尚。中国教育鼻祖孔丘在长期的教育实践中总结出许多富有真知灼见的见解，例如，"好古敏求""温故知新""博学详说，好问好察""不耻下问"等等，总结出一套基本符合认知规律的"博学－审问－慎思－明辨－笃行"的为学之道。

　　辩证思维是进行创新的重要方法之一，辩证思维是创新思维的实质和基础。中华优秀传统文化以其顽强的生命力和同化力得以长存不竭，除了注重阐发实用理性，对形而下追求外，还非常注重对形而上的探究和体认，因而不乏辩证思维的理性精神。譬如："理无常是，事无常非"（《列子·说符》），"穷则变，变则通，通则久"（《周易·系辞下》），"道高益安，势高益危"（《史记》卷一二七《日者列传》）。凡此等等，不一而足。这些思想蕴含着互为表里、相依相存、统一转变的深邃道理，无一不散发着浓郁的思辨精神的馨香。

　　质疑是创新的起点，也是进行创新的一种学习方法。《论语·为政》曰："学而不思则罔，思而不学则殆"，认为只是学习，却不思考质疑，就会惘然无知；只是思考质疑，却不学习，就会疑惑不解，强调要在学习中思考质疑，在思考质疑中学习。中华优秀传统文化中不乏质疑前人的例证，古代教育家提倡学生要"有疑"，认为"疑"不仅可以有助于思维能力的提高，而且可以深入求真创新。在治学上，尤为讲究实事求是、无考不信。比如，清代的学者崔述花费二十年的时间写成《考信录》，用于对古代历史进行辨伪和求是。他考订史料采用了接近现代科学的方法，分析综合、去伪存真，获得了比较可信的结论。崔述坚持考而后信，敢于质疑经典和权威。他说："余生平不好有成见，于书则就书论之，于事则就事论之，与文则就文论之，皆无先人之见"。中华优秀传统文化所蕴含的大胆疑古、敢于批判求真的精神，为创新提供了良好的学习方法。

　　从实践的本质上来看，实践是积极的、能动的创新性活动。而反过来，创新是需要通过实践进行尝试的，并且创新成果是需要实践来验证的。中华传统文化具有浓郁的社会情节，从它产生之日起就与社会现实社会有着密切的联系，学术研究不仅在于自身的理论价值，更在于满足社会需要，学者的学术研究与社会抱负往往是融合在一起的。由此在中华优秀传统文化中，一直都闪烁着注重"实践"的光辉。譬如：清代学者纪昀说："古之圣贤，学期实用"，这种经世致用的思想，就是主张把学术研究和现实社会的需要结合起来，反对学术研究脱离实际，着意学术研究的实效性、功用性。此类学者往往对社会危机有着比较敏感的觉察，并以果敢的精神正视现实，剖切问题的症结和解决问题的途径。

（三）中华优秀传统文化为创新提供环境支撑。

　　创新的主体是人，创新环境也就是进行创新实践活动的主体所处的环境，可分为主观环境和客观环境。主观环境主要指的是创新主体的心理状态，而客观环境又可分为自然环境和社会环境。

在主观环境，创新主体的心理状态主要侧重心理健康方面，心理健康是指个体能够充分发挥自身的身心潜能。例如，马斯洛认为："自我实现的人才代表真正的健康"，弗洛姆则认为："心理健康的人是有创新能力的"。中华优秀传统文化能够塑造创新主体的心理品质，在心理健康方面，能够促进创新主体健康发展。中华优秀传统文化所体现的顺自然而以人为本、循人伦而以和为贵的人文精神，为心理健康活动提供可靠的思想保障。以人为本充分尊重了人的个体价值。以和为本体现了人与外部的和谐，还充分体现人自身的身心和谐；"和"主张人的情感保持中和，心境的平和，达到和而乐的境界。《中庸》说"喜怒哀乐之未发，谓之中；发而皆中节，谓之和"。另外，中医的保健术，太极拳等都可以使人的心境放松入境，达到消除人内心的恐惧、忧思、烦恼的不良心境的功效，促进心理健康。《黄帝内经》中就总结出"怒伤肝，喜伤心，思伤脾，忧伤肺，恐伤胃"的论断。

在客观环境，人与自然环境的关系方面，创新主体产生与自然、社会之间的对抗冲突，势必会导致创新活动的终结。自然环境为人进行创新实践活动提供了物质前提，自然资源越富饶，社会物质财富就会越丰裕，为创新实践活动提供的物质条件就越好。在相同的社会条件下，优美的自然环境有助于净化心灵、陶冶情操、开启睿智，有利于人的创新思维的发挥。"天人合一"是中国传统文化的基本精神，强调人与自然的和谐统一。董仲舒说："天地人，万物之本也。天生之，地养之，人成之，……三者互为手足"。因此，中华优秀传统文化历来都在歌颂自然，主张走进融入自然、呵护自然。自然万象的丰富意蕴给人们提供了无限的想象空间，从自然中可以感悟生命，获得人生的兰质蕙心，使人的心灵在山水之间得到无限的延展。所以，"夫大人者与天地合其德，与日月合其明，与四时合其序，与鬼神合其吉凶，先天而天弗违，后天而奉天时"（《周易·文言》）。

在客观环境，人与社会环境的关系方面，包括人与人、人与社会的关系。人与人之间的和谐相处，是创新活动的必要条件。因为当代创新活动，要求是在众多个体在团结协作、共同参与完成的。不健康的人际关系，只会导致组织内部的"内耗"，根本不可能完成创新的。马克思所说："人的本质不是单个人所固有的抽象物，在其现实性上，它是一切社会关系的总和"。

人与社会的关系实际上决定着一个人能够发展到什么程度。我们的优秀传统文化充分肯定人是世间一切存在物中最有价值者，每一个人都要对他人、对社会履行一定的道德责任和义务。孔子就认为，"爱人"是人与生俱来的一种本性。凡是有人群的地方，就存在着彼此相爱的关系。这种"仁者爱人"的思想是维系人际关系和谐、社会秩序稳定的纽带。此外，中华优秀传统文化讲究兼容并蓄、包容汇通的学术主张，为创新人才培养提供了宽松、开放的人文社会环境。

（四）中华优秀传统文化为创新提供价值引导。

创新是求真、求新的社会实践活动，它追求的是有社会价值的成果，具有强烈的社会属性。只为创新而进行的创新不是一种有功德、追求真善美、具有生命力的创新。真正的创新需要考虑责任、伦理、道德等社会层面的因素。这种创新是创新从技术、知识层面向精神层面的跨越。中华优秀传统文化能够彰显社会责任、历史使命感和忧患意识，坚守求真务实的诚信观，倡导重义轻利的义利观，等等，这些正确价值取向是中华优秀传统文化固有的内在属性。

《论语·子罕》指出："知者不惑，仁者不忧，勇者不惧"。所以，创新之中蕴含的价值、情感因素，可以通过中华优秀传统文化来提供引导来实现。创新动机"质"的好坏取决于价值定向，是创新个体实现自我的要求，也是创新群体对社会发展进步的要求。追求责任、伦理、道德为价值标准的创新本质，使得中华优秀传统文化与创新有了同一性。

二、中华优秀传统文化教育与高校创新人才培养的内在统一

中华优秀传统文化作为社会主义先进文化的重要组成部分，是现代教育的直接内容。高校根植于文化之中，承担着文化的传承、创造与实践功能。坚持文化育人，是教育文化本性的必然要求。优秀传统文化具有很强的文化力、融合力、生命力，它通过文化调节、激发人的内在力量，塑造社会人格，历来被视为育人的宝贵资源。此外，在全球化大背景下，文化话语权的争夺。全球化是一种扩张性的历史进程，全球化逐渐从经济领域扩展到政治和文化领域，从而形成政治和文化交往的全球化。正是在这一过程中，全球化在经济领域的扩张演变为意识形态和文化话语权的争夺。民族文化和异质文化的碰撞，当遭遇"西方中心论"或"西方依附论"的时候，其背后往往裹挟着不同意识形态的尖锐对立和斗争，即利用文化向其他国家进行意识形态的渗透。

这就要求我们科学认识并积极传承和弘扬中华优秀传统文化，使其成

为高校教育中不可或缺的重要内容。高校的四大职能中的首要职能就是人才培养，高校是通过文化培育创新人才的，文化是要内化到认知者的本体中去的，要成为个体灵魂深处的东西，说到底就是利用文化开展育人工作。中华优秀传统文化作为社会主义先进文化的重要组成部分，高校需要传承和弘扬中华优秀传统文化。中华优秀传统文化崇尚独立的人格，具有怀疑批判的精神，具备"和而不同"的思维方式，是"崇尚理性"的文化，蕴涵着丰富的创造力。此外，创新素质中的创新人格决定和影响主体的创新能力。人格即个性，是人在一定社会环境和社会系统中能动地形成的个体相对稳定的心理品质，表现在知、情、意等心理活动的各个方面，包括个体认知能力的特征，行为动机的特征，情绪反应的特征，态度和信仰的特征，道德价值的特征等等。创新人格表现的主要优秀心理品质作包括：远大的理想抱负、坚定的信念、极强的自信心、坚强的意志、不满足于现状、勇于进取、勤奋善思、独立性、强烈的好奇心、专一等。

中华优秀传统文化具有很多与创新性或创新能力培育有关的宝贵品质，如自强不息的人生态度、厚德载物的价值理想、笃学求真的知识态度，等等。总的来说，中华优秀传统文化具有丰富的创新基因，只不过由于客观条件的限制，没能够在封建社会里得到很好的表达机会。因此，中华优秀传统文化构成了创新人才培育和创新性或创新能力提升的丰富资源。依据创新人才的基本素质特征，思想道德素质、科学文化素质、实践能力素质、身心素质、创新素质等方面的培养和获得都需要中华优秀传统文化的引导和激发，虽然，关于创新的话题很多，将中华优秀传统文化教育融入创新人才培养体系当中去，并非是"创新是个筐，什么都能往里装"的现象。中华优秀传统文化注重人的自我塑造、自我完善，强调知识与品格、理智与情感、理性与信仰、责任与道德的统一，主张仁智双彰，美善相成，德才兼备。中华优秀传统文化能够教化、熏陶、塑造出优秀的创新人才。

在高校中，增强中华优秀传统文化的渗透和教育培育高素质的创新人才，加强中华优秀传统文化的育人作用，是培育创新人才的有效途径和重要方法，也是对传承和弘扬中华优秀传统文化的应然回答。

三、中华优秀传统文化教育对创新人才素质的提升

目前，高校教育教学改革过程当中，创新人才培养体系的构建是一个重要的课题。高校创新人才的培养应该首先立足于学生创新素质的培养，以此达到学生综合素质的全面提升，最终实现学生自由而全面地发展。创

新人才应该首先具备人才的基本特征，即具备全面的素质，还应该比一般性的人才在创新方面有更大的潜在的能力。因此，高校创新人才培养可以理解为以围绕提升创新素质为目标，在教育教学过程当中加强思想道德素质、科学文化素质、实践能力素质、身心素质等各方面素质的全面提升。

高校不仅是培养创新人才的重要基地，也是文化传承、创新的重要载体和源泉。高校通过文化传承培育高素质的创新人才，也体现为高素质的创新人才在文化创新上做出应有的贡献。可见，育人归根结底是文化问题，需要从文化的视角找寻解决的路径。中华优秀传统文化作为社会主义先进文化的重要组成部分，传承创新优秀传统文化是高等教育的使命所在，优秀传统文化教育的目的不是复古守旧返本，而是为了传承创新升华。中华优秀传统文化浩如烟海，而中华民族精神则是优秀传统文化的深层内核和灵魂，是优秀传统文化要义和精华的凝聚。因此，优秀传统文化的精神实质是中华民族精神，而中华民族精神的培育和弘扬需要通过优秀传统文化育人功能才能得以实现。在高校环境中，中华优秀传统文化教育的目的在于推动民族精神的培育，与之相对应，高校是弘扬中华民族精神的重要阵地，民族精神的培育对高校创新人才素质的全面提升具有决定性的作用。

（一）对思想道德素质的提升

思想道德决定整个教育的方向，这是由社会主义的办学性质所决定的；思想道德素质的高低，决定了人生的境界；思想道德素质是创新人才素质中最重要的素质，起着统领和制约作用。通俗地讲，思想道德素质决定了创新人才发展的大方向。作为现实永恒的宝贵资源，中国优秀传统文化可以丰富创新人才思想道德教育的内容。中华优秀传统文化教育能够使创新人才树立"精忠报国"的社会责任感，倡导"天下为公"的爱国主义精神和"自强不息"的进取精神，树立整体意识。在传统文化的源头活水中，先贤圣哲慨然以天下为己任、国家至上的情感，已形成强大的责任爱国洪流。从"狐死正丘首，代马依北风"到"遥望中原怀故土，静观落叶总归根""未曾一日忘中国"，还有班固（"国而忘家，公而忘私"）、苏洵（"贤者不悲其身之死，而忧其国之衰"）等这些伟大的史学家、文学家，他们自身不仅是爱国尽责的典范而且为后世留下的作品中更是饱含对祖国、对民族强烈而深沉的挚爱以及责任感。中华优秀传统文化感染、教育和激励着创新人才，成为创新人才敢负责任、舍己救民、忘死报国的强大的精神动力。

这些都是我们提升创新人才思想道德素质的重要源泉。

（二）对科学文化素质的提升

科学文化素质的培养属于智育的范畴，创新人才必须具备优秀的科学文化素质。创新人才优秀的科学文化素质首先应包括从事创新活动的相关理论知识和业务技术知识，当今科学技术的加速发展，使得各个学科间相互联系也更加紧密，人类在研究和解决一些重大问题时，单靠某一学科的理论是无法完成的。这种科学技术的综合化、整体化的趋势势必对人才提出更高的新要求。现代创新活动的开展，要求用人文精神引领科学精神，这就要求创新人才不仅应该具备广博的知识素养，而且要求创新人才必须具备自然科学和人文社会科学两种文化交融的素质。中华优秀传统文化中的自然科学理论至今仍熠熠生辉，譬如，诗经中的农业科学，墨经中的物理学原理，天文气象学，中医学等。相对比现代自然科学，尽管某些自然科学理论已经过时，但其呈现的整体性思维、价值取向、理论基础仍然有效地指导着现代自然科学的发展。优秀传统文化中的人文社会科学理论更是不计其数，具有鲜明的人文倾向，蕴含着丰富的伦理学、文学、政治学、管理学等诸多学科的理论思想。中华优秀传统文化体现的兼容并蓄包容精神，可以使得创新人才处于宽松、自由的学术环境，开放性地充分吸收人类的各种优良成果。

由此，优秀传统文化教育可以使得创新人才更好地从宏观上、整体上系统地从事创新实践活动，并且能够从中更好地得到创新的启迪和灵感。

（三）对实践能力素质的提升

创新人才的实践能力是将理论转化为实践，抽象知识转化为实际成果的一种能力。就目前我国的教育体制而言，过往的教育氛围的束缚我们不去赘述，高等教育的开放性、活跃性、专业性等特点，以及人才于此阶段的生理心理特征，使得高等教育成为开发人才实践和创新能力的绝佳时期。在理论与实践的辩证关系问题上，中华优秀传统文化中所表现的精神主张是面向实际，以高度的历史责任感，胸怀"丈夫贵兼济，岂独善一身"的志向，把个人命运和学问求知的落脚点系挂在济世安民、服务社会、解决现实问题、促进国家繁荣和社会进步上，反对空疏理学和腐儒清淡、坐而论道的陋习。其精髓是密切结合社会的实际，强调主体的实践能力，具备笃学致用的求真精神，去探讨学问的具体应用和实用功能。

中华优秀传统文化体现着深刻的笃学致用、知行统一的求真实践精神，中华优秀传统文化教育在创新人才培养体系中的合理融入，对创新人才实践能力素质的提升无疑是非常有益的探索。

（四）对身心素质的提升

创新人才身心素质体现为对身体素质和心理素质要求的双重结合，身体素质是心理素质的前提，健康良好的身心素质是高校创新人才成长成材的关键和基础。身心素质的下降，势必会影响高校创新人才培养的质量和成效。近些年来，各地高校也开始重视并加强对学生身心素质的培养。

身体素质的培育主要通过加强体育锻炼以及科学的养身方法，我们古代的先贤智者把人分为"身"和"心"两个部分，"身"为肉体，"心"是心灵，身有形而心无形，提出了不少养生之论。比如，高情感而益全身的太极拳运动，这种体育健身运动不仅可以怡情而且对全身各个系统都颇有疗效，国内不少高校已经将其纳入到学生的体育课程当中，其养生健身的疗效在长期的实践中得到了证实。

心理素质的培育是从理论上讲是可以从多方位和多角度着手开展的。然而，就现实而言，高校大学生及其产生的"心理问题"大多具有鲜明的"中国特色"，心理素质的培育不能完全照搬西方的心理教育理论和方法，针对"中国人的心理模式"，心理素质培育的本土化取向更能"因地制宜"而引起共鸣。中华优秀传统文化无论是历史文献还是文化典籍，丰富多彩、异彩纷呈的心理理论都蕴含其中。诸如儒家主张的"修德养心"、"吾日三省吾身"的自我心理调节、"内圣外王，格物致知"的价值取向，道家力推的"恬静养神"，等等。这些文化所蕴含的思想满足了创新主体在心理调适和价值追求以及健康心理维护等多方面的需求，仍然能够给现代人才的心理素质培育以启迪。

（五）对创新素质的提升

创新人才的创新素质是与创新实践活动直接相关联的素质要素，要素的内容：创新意识、创新思维、创新知识、创新能力、创新人格。创新素质作为创新人才素质当中的关键素质，创新素质当中的创新意识、思维、品格都是从人的个性心理特征、思维方式以及个人意愿等方面对创新人才的培养对象进行的训练，是优秀传统文化的主要培养作用和目的。意识是开展创新活动的起源，创新思维具有独创性、不可预知性等特征，而灵感、顿悟都是长期的文化熏陶下的结果。品格，及创新的意志、情绪等都是和人文素质教育的范畴理念相契合的。

在创新素质的五个要素当中，创新思维是思维的高级形式，是创新活动的内在驱动力，与一般的思维比较而言，创新思维具有流畅性、变通性、独特性等特征。

首先，中华优秀传统文化中整体联系的视野可以强化思维的流畅性。流畅性指的是思维的灵敏速度畅通无阻，思维是否流畅以及流畅程度的大小，取决于一个人的辩证思维能力的强弱，是与他能否全方位把握事物的普遍联系直接相关的。中华优秀传统文化的显著特点就是统贯天人的整体联系思维，这种思维把世界看成是一个统一联系的整体，着重探索天与人、主体与客体、自然与社会等各方面之间的联系，以便从整体联系地把握事物的规律。例如，中华优秀传统文化当中的"五行"学说，现实生活当中的季节、方位、音乐乃至人体器官等都可以分成与五行相对应的五类，最生动的例子就是中医不主张"头疼医头，脚痛医脚"就事论事割裂的治病方式。五行虽然各自独立，但它们之间是紧密联系的，并非孤立存在的，五行间通过相生相克的联系共同构成一个大的有机整体。

其次，中华优秀传统文化中变化发展的思维视角可以强化创新思维的变通性。变通性指的是思维能不断地根据时间、地点、条件的变化，不断地改变思维视角，善于从不同的方面去观察问题、分析问题，以创造性地解决问题的能力。思维能不能灵活变通，是与一个人的辩证思维能力的强弱成正比的，与他能否从不同的角度把握事物的变化发展是直接联系的。中华优秀传统文化历来主张"穷变通久"，认为人类历史的演进就是一个不断变易的过程，世间万事万物永远处于变化之中，没有永恒的对与错。诚如，东汉思想家王符就指出："且夫物有盛衰，时有推移，事有激会，人有变化。智者揆象，不其宜乎！"（王符：《潜夫论·边议》）。"物有盛衰"泛指社会、自然、人事的一切变化，"时有推移"指时代的变化。作为智者，就应该根据时代的变化采取相应的措施。

再次，中华优秀传统文化中质疑求新的思维触角可以强化创新思维的独特性。独特性又称新颖性或者求异性，指的是以不墨守成规、不因循守旧、敢于大胆怀疑、敢于挑战权威为前提，用新角度、新观点去认识事物，并提出超越现存的新观念、新方法、新答案。思维独特性的发挥取决于一个人能不能从不同的角度去认识事物，去解决事物，从质疑求新的思维触角去认识万事万物。中华优秀传统文化不乏敢于质疑超越求新的例证，例如，明代地理学家徐霞客就曾亲身足迹遍四方，不畏艰险，勇于探索，发前人所未见，开创了近代地理学的研究方法，纠正了很多流行几千年的谬误。

在创新素质的五个要素当中，创新人格的塑造是创新素质发展的关键，创新人格是一种动力连贯一致的内部倾向，属于非智力素质的范畴。在创新实践活动中，具备创新人格的个体，能够表现出有利于创新活动的各种优良品质，可以很好地实现对自身创新能力的驾驭，创新个体通常具备较强的创新意识和创新精神。创新人格不会自然形成，是长期社会化的结果，具体表现为创新个体的创新信念、价值以及态度等方面。

从本质上讲，塑造人才创新人格的核心实质就是解决其人生价值观问题。人生价值观是指人们对与自己需要相联系的人生目的、人生意义以及人生道路进行评价和追求时所持有的内在尺度。文化尤其是优秀传统文化有助于塑造创新主体的健康人格。通过优秀传统文化教育及人文底蕴丰富的社会实践，可以拓宽创新主体的人生视野，使他们增长知识才干，磨炼意志，张扬个性，优化心理品质，提高创新活力，通过倡导优秀的文明风尚，开展正确的价值观教育，使学生坚定地将自己人生价值同创新活动相联系，强化创新定力。

参 考 文 献

[1] 中共中央马克思恩格斯列宁斯大林著作编译局. 马克思恩格斯全集[M]. 北京：人民出版社，1960.

[2] 修昔底德. 伯罗奔尼撒战争[M]. 北京：商务印书馆，1960.

[3] 黑格尔. 美学（第2卷）[M]. 北京：商务印书馆，1981.

[4] 亚里士多德. 形而上学[M]. 杭州：浙江教育出版社，1998.

[5] 布鲁贝克. 高等教育哲学[M]. 杭州：浙江教育出版社，1998.

[6] [美]约翰·S·布鲁贝克著，王承绪等译. 高等教育哲学. 杭州：浙江教育出版社，1998.

[7] 奥雷利奥·佩西著，邵晓光译. 人的素质. 沈阳：辽宁人民出版社，1988.

[8] 王国维哲学美学论文辑佚[M]. 上海：华东师范大学出版社，1993.

[9] 蔡元培. 蔡元培教育论集[M]. 长沙：湖南教育出版社，1987.

[10] 吴钢. 现代教育评价基础[M]. 上海：学林出版社，1996.

[11] 韩民青. 当代哲学人类学[M]. 南宁：广西人民出版社，1998.

[12] 顾明远. 教育大辞典增订合编本(上). [M]上海：上海教育出版社，1998.

[13] 高玉祥. 个性心理学[M]. 北京：北京师范大学出版社，1989.

[14] 殷陆君. 人的现代化[M]. 成都：四川人民出版社，1985.

[15] 张坤民. 可持续发展论[M]. 北京：中国环境科学出版社，1997.

[16] 霍相录. 素质教育指要[M]. 北京：北京大学出版社，1999.

[17] 徐涌金. 大学生素质教育教程[M]. 北京：中国标准出版社，2008.

[18] 吴小英. 大学人文素质教育新论[M]. 杭州：浙江大学出版社，2012.

[19] 孙孔懿. 素质教育概论[M]. 北京：人民教育出版社，2009.